AI
HOW TO WIN IN THE AI ERA
시대에 이기는 법

AI 시대에 이기는 법
변화의 시대, AI와 함께 살아남고 성장하는 전략

책임 프로듀서 김수영
펴낸곳 (주)포춘쿠키
출판일 2025년 11월 15일
주소 경기도 고양시 덕양구 삼원로63 F208
전화 02-777-7300
사업자 105-87-29720
정가 18,000원

ISBN 979-11-994192-3-0

Published by Fortune Cookie Co.,Ltd.
Copyright © 2025 Fortune Cookie Co.,Ltd.

이 책은 저작권법에 의해 보호를 받는 저작물이므로 무단 전재와 복제를 금합니다.
또한 저작권자와 (주)포춘쿠키의 허락없이 이 책의 일부 또는 전부를 어떠한 형태로든 영리를 목적으로 이용하는 것을 금합니다.

AI
HOW TO WIN IN THE AI ERA
시대에 이기는 법

책임 프로듀서 김수영

(주)포춘쿠키

들어가며
책을 프로듀싱하다

　인공지능의 발전은 이제 단순한 기술적 진보를 넘어 창작의 영역에까지 발을 들여놓았습니다. 비록 인간의 깊은 경험과 통찰이 빚어내는 예술적 감동의 경지에는 아직 미치지 못할지라도, 그 기능적·기술적 성취는 충분히 경탄할 만합니다.

　앞으로 우리는 인간과 인공지능이 협력하여 탁월한 결과를 창조해내는 장면을 무수히 목격하게 될 것입니다. 인간이 탐구할 방향을 제시하고 예술적 직관으로 골격을 구축하면, 인공지능은 숙련된 조수처럼 그 사이를 정교하게 채워나갑니다. 이러한 협업의 방식은 모든 분야에서 일반화될 것이며, 저술 영역 또한 예외가 아닙니다.

　그러나 많은 이들이 아직 이러한 방식에 낯설어하며 거부감을 드러내는 것도 사실입니다.

　책을 만드는 과정에서 인간이 목적과 방향을 설정하고 서사의 전개 과정을 구상하면, 인공지능이 나머지를 담당하는 것—우리는 이를 '저작의 한 형태'로 정의합니다. 하지만 사람들이 아직 이를 받아들일 준비가 되어있지 않다면, 우리는 이러한 저술의 형태를 '저작'이 아닌 '프로듀싱'이라 명명하고자 합니다.

따라서 이러한 집필을 수행하는 이는 저자가 아닌 프로듀서로 불리게 될 것입니다.

물론 시간이 흘러 세상이 이러한 집필 형태를 자연스럽게 받아들이게 된다면, 그때는 저자와 프로듀서를 동등한 창조자의 반열에 올리게 될 것입니다. 우리는 이를 믿으며 기다립니다.

우리는 프로듀서입니다.

이 책을 만들 때 사용된 인공지능들

AI LLM ChatGPT, Claude, Gemini, Perplexity, Grok

Agent AI Genspark, Felo, Manus

TTS AI ElevenLabs, F5-TTS, Azure TTS

Imaging AI GPT 1, Whisk, GemImage, Midjourney, Flux

자체제작 AI 4bookAI Framework

북 프로듀서 ▲
창작의 패러다임 전환

가이드

4bookAI 사용 가이드

  4bookAI는 인공지능 기술을 활용해 독서 경험을 혁신하는 차세대 독서 플랫폼입니다. 단순히 책을 읽는 것을 넘어, AI의 도움으로 한 권의 책에서 무한한 지식과 창조적 영감을 얻을 수 있는 새로운 독서 생태계를 제공합니다.

  4bookAI는 확장본문, 인포그래픽, 마인드맵, 오디오 강의, 팟캐스트, 퀴즈 등 다양한 구성으로 되어있으며, AskAI라는 에이전트가 이 구성들마다 상주하면서 독자가 선택한 내용에 대하여 인공지능 해설을 해주거나 특별한 요청을 수행하게 됩니다.

  이 에이전트를 이용하면 독자는 1권의 책으로부터 수천권의 책, 수만의 인터넷 문서와 만날 수 있을 뿐만 아니라 시와 에세이를 쓰는 것처럼 훌륭한 창조적 기능들을 수행할 수 있습니다.

  그 뿐만 아닙니다. AskAI의 핵심 중 핵심은 현재 도서에 담겨있는 모든 내용과 저자의 주의, 주장을 학습하였다는 것입니다. 일반적 인공지능이 그냥 백과사전식 지식을 무미 건조하게 맥락에서 동떨어진 황당한 답변을 받을 확률이 높다는 것과 비교하면 AskAI는 책내용의 맥락에 맞게 결과를 내어주므로 응답품질이 하늘과 땅 차이인 것입니다.

QR코드 접속 안내

4bookAI의 모든 기능을 이용하려면 책에 인쇄된 QR 코드를 스캔하여 접속하시면 됩니다.

먼저 스마트폰을 준비하신 후, 카메라 앱을 실행해 주세요. 최신 스마트폰은 별도의 QR 리더 앱을 설치하지 않아도 기본 카메라 앱에서 QR 코드를 자동으로 인식합니다. 카메라를 QR 코드에 맞추면 화면 상단이나 하단에 웹사이트 링크가 담긴 알림이 자동으로 나타납니다. 이 알림을 터치하시면 바로 4bookAI 사이트로 연결됩니다.

한 번의 스캔만으로 확장 본문, 인포그래픽, 마인드맵, 오디오 강의, 팟캐스트, 퀴즈, 독자 게시판, AskAI 에이전트 등 책과 연동된 모든 디지털 콘텐츠를 즉시 이용할 수 있습니다. QR 코드는 각 챕터별로 제공되므로, 읽고 계신 부분에 해당하는 QR 코드를 스캔하면 해당 챕터의 콘텐츠로 바로 이동합니다.

랜딩페이지 안내

QR 코드를 스캔하여 접속하면 4bookAI의 랜딩 페이지가 나타납니다. 페이지는 직관적인 인터페이스로 구성되어 있어 원하는 기능을 쉽게 찾아 이용할 수 있습니다.

페이지 상단의 헤더에는 도서명이 표시되며, 바로 아래에는 접속하신 챕터의 제목이 명시되어 있습니다. 중앙 영역에는 주요 기능 버튼 6개가 체계적으로 배치되어 있어 한눈에 확인할 수 있습니다. 각 버튼에는 확장 본문, 인포그래픽, 마인드맵, 오디오 강의, 팟캐스트, 퀴즈 등의 아이콘과 명칭이 표시되어 있으며, 터치 한 번으로 해당 기능 페이지로 이동합니다.

하단에는 3개의 추가 버튼이 배치되어 있습니다. 이 중 '가이드북' 버튼을 선택하면 현재 읽고 계신 이 사용 가이드 페이지보다 더욱 상세한 설명과 활용 팁, 각 기능별 세부 매뉴얼을 확인할 수 있는 페이지로 연결됩니다.

확장 본문

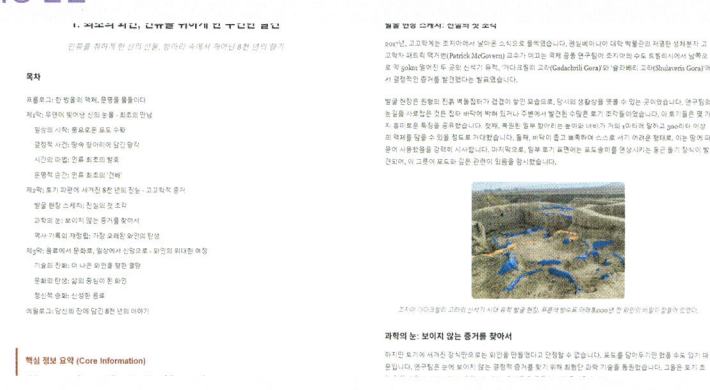

책에 수록된 내용을 확장한 본문입니다. 저자의 의도에 따라 지면 관계상 책에 싣지 못한 내용이 추가되기도 하고, 책은 에세이나 정서적 내용으로 구성하고 확장 본문은 정보성 내용으로 전개하기도 하며, 책은 고정되어 있지만 확장 본문은 멀티모달, 인터랙티브하게 제작되는 등 다양한 활용이 가능합니다. 내용 중 일부를 선택하여 AskAI의 도움으로 무한한 정보를 탐색할 수 있고, 선택한 항목으로 시를 창작하거나 시나리오를 만드는 등 창의적인 활용이 가능합니다.

인포그래픽

책의 주요 내용을 그림과 함께 일목요연하게 정리한 시각 자료입니다. 각 항목에서 AskAI를 활용해 심화 정보를 탐색하거나, 해당 주제로 창작 활동을 할 수 있어 학습의 폭을 넓힐 수 있습니다.

마인드맵

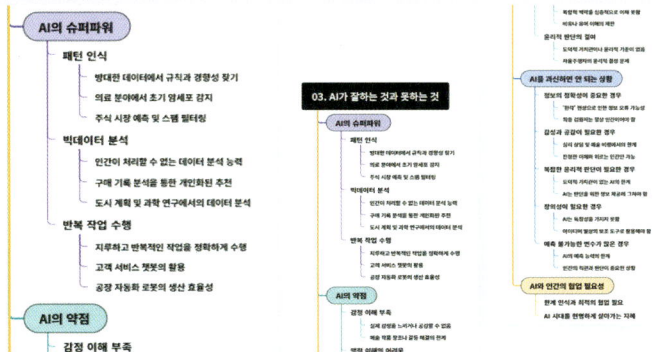

핵심 개념들을 다이어그램을 통해 체계적으로 구조화한 사고 도구입니다. AskAI와 연동하여 각 노드에서 확장된 지식을 얻거나 다양한 창의적 결과물을 생성할 수 있습니다.

오디오 강의/팟캐스트

오디오 강의는 전문 강사가 챕터별로 제공하는 음성 해설로, 이동 중에도 편리하게 학습할 수 있는 청각 콘텐츠입니다.

팟캐스트는 전문가와 진행자가 재미있게 대화를 나누며 핵심 내용을 풀어내는 토크 형식의 콘텐츠로, 부담 없이 들으며 이해도를 높일 수 있습니다.

퀴즈

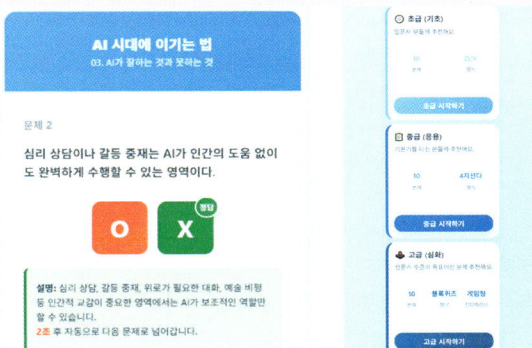

인공지능이 초급, 중급, 고급 수준별로 제공하는 문제를 통해 본문 이해도를 점검할 수 있습니다. 오답에 대한 상세한 해설과 최종 평가를 제공하여 입체적인 학습 피드백을 받을 수 있습니다.

독자 게시판

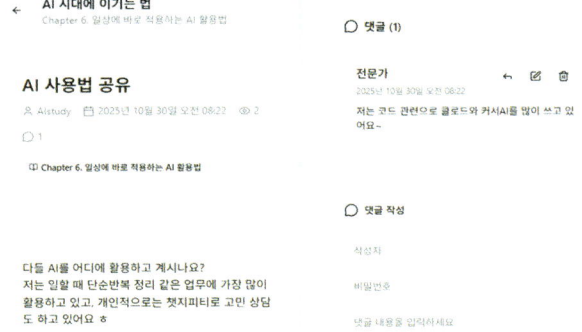

목차별로 마련된 토론 공간에서 독자들이 의견을 나누고 서로의 관점을 공유하며 능동적으로 참여할 수 있습니다.

기타

저자, 출판사 등 추가 페이지가 제공되어 한 권의 책이 더 넓은 세상으로 가는 관문이 되게 해줍니다.

AskAI 에이전트

이번에는 4bookAI 플랫폼에 탑재된 AskAI 에이전트에 대해 살펴보겠습니다.

앞서 설명한 바와 같이 AskAI는 해당 도서로 강화 학습(Reinforcement Learning, RL)된 인공지능 에이전트입니다. 저자의 주장과 견해를 독자에게 해설하고 보충해 주는 역할을 합니다. 독자가 4bookAI 사용 중 항목을 선택하여 호출하면 다음과 같은 화면이 구성됩니다.

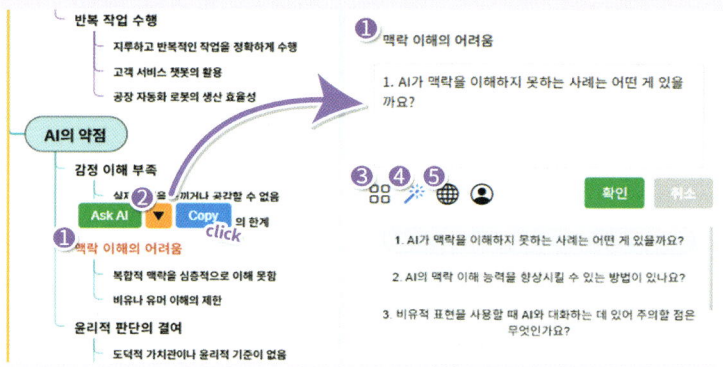

1. **선택된 키센텐스** 현재 선택된 키센텐스를 중심으로 답변합니다.

2. **부가 요청 대화창** 사용자의 추가 질문을 작성하거나 템플릿에서 내용을 가져올 수 있습니다.

3. **부가 요청 템플릿** 도서 특성에 맞게 준비된 자주 묻는 질문들입니다. 버튼 클릭으로 입력하고, 백스페이스 한 번으로 전체 삭제가 가능합니다.

4. **인공지능이 선택해준 추천 질문** 핵심 문장과 연관되어 독자가 궁금해할 만한 내용을 AI가 선별하여 제시합니다.

5. **인터넷 검색 버튼** AskAI는 기본적으로 사전 학습된 내용으로 답변하지만, 이 토글 버튼을 활성화하면 실시간 웹 검색을 통해 최신 정보를 참조하여 답변하고, 출처 링크를 함께 제공합니다.

4bookAI의 혁신성

4bookAI는 단순한 독서 도구를 넘어 지식 창조와 학습 혁신을 위한 종합 플랫폼입니다. 한 권의 책이 수천 권의 지식과 연결되고, 독자는 능동적 학습자이자 창작자로 성장할 수 있습니다. 이는 기존 독서 패러다임을 완전히 바꾸는 혁신적 접근법으로, 미래형 독서 문화의 새로운 표준을 제시합니다.

4bookAI을 처음 사용할 때

1. 앞 날개 혹은 하단에 있는 QR코드를 스캔하면 등록 화면이 나옵니다.
2. 지시에 따라 앞날개 상단에 스티커로 붙어있는 아홉 자리의 시리얼 코드를 입력합니다.
3. 이 코드는 처음 등록한 날로부터 180일간 4bookAI를 사용할 수 있습니다.
4. 180일 뒤에는 월정액을 결제하고 계속 사용할 수 있습니다. 월정액과 방법은 종료일 약 1달 전에 별도 안내드립니다.

맞춤형 AI 서비스
4bookAI ▶

작가의 말

AI시대에 이기는 법 소개

혹시 'AI 시대'라는 말을 들으면 막연한 두려움이나 불안감이 드시나요? '나도 AI를 배워야 하는데…' 하면서도 어디서부터 시작해야 할지 막막하신가요? 그랬던 분들이라면 정말 잘 오셨습니다!

AI는 이제 선택이 아닌 필수가 되었습니다. 하지만 복잡한 기술을 배우거나 프로그래밍을 할 필요는 없어요. 마치 스마트폰을 사용하듯, 몇 가지 핵심 원리와 활용법만 알면 누구나 AI와 함께 더 효율적이고 창의적인 삶을 살 수 있답니다. 실제로 제가 만난 많은 분들이 처음엔 AI를 어려워했지만, 기본 원리를 이해하고 나니 일상과 업무에서 놀라운 변화를 경험하셨어요.

이 책은 바로 그런 고민에서 시작되었습니다. 어떻게 하면 AI의 문턱을 낮추고, 마치 친구와 대화하듯 자연스럽게 AI 시대에 적응할 수 있을까 하고요. 그래서 딱딱한 기술 설명보다는 일상에서 바로 써먹을 수 있는 실용적인 방법들, 그리고 재미있는 사례와 만화를 곁들였어요. 각 장마다 '오늘 바로 해보기' 섹션을 넣어서, 읽는 즉시 실천할 수 있도록 구성했습니다.

AI를 활용하는 방법은 생각보다 간단합니다. 올바른 질문하는 법, 결과를 검증하는 법, 그리고 나만의 AI 어시스턴트를 만드는 법까지. 이 모든 것이 이 책 한 권에 담겨 있어요. 특히 '프롬프트 엔지니어링'이라고 불리는 AI와의 대화법은 마치 새로운 언어를 배우는 것처럼 흥미진진한 여정이 될 거예요. 페이지를 넘기다 보면 어느새 여러분도 AI 활용 고수가 되어 있을 거예요.

무엇보다 이 책은 단순히 AI를 '사용'하는 법을 넘어, AI와 '협업'하는 법을 알려드립니다. AI는 우리를 대체하는 것이 아니라, 우리의 능력을 증폭시켜주는 도구예요. 이 관점의 전환이 바로 AI 시대를 이기는 핵심입니다.

부디 이 책이 여러분의 AI 여정에 든든한 동반자가 되어, 더 넓고 깊은 가능성의 세계로 나아가는 즐거운 첫걸음이 되기를 진심으로 바랍니다.

소개
책의 구성 및 추천

1부
AI, 친구인가 경쟁자인가

AI가 무엇인지 일상적인 비유로 쉽게 설명하고, 생성형 AI의 원리와 한계를 명확히 짚어드립니다. AI가 잘하는 일과 못하는 일을 구분해 현실적인 이해를 갖추도록 도와드려요.

2부
AI와 효과적으로 대화하기

AI에게 원하는 답을 얻어내는 '프롬프트' 기술을 익히고, 응답을 검증하고 개선하는 방법을 배웁니다. 일상에서 바로 써먹을 수 있는 실용적인 활용법들도 함께 담았습니다.

3부
AI 시대의 승자되기

AI가 바꿀 미래 직업 지형도를 살펴보고, AI가 대체할 수 없는 인간 고유의 능력을 개발하는 방법을 제시합니다. AI를 활용해 개인 생산성을 극대화하는 실전 전략도 상세히 다룹니다.

4부
AI 에이전트 마스터하기
나만의 맞춤형 AI 어시스턴트를 설계하고, 여러 에이전트를 조합해 복잡한 작업을 처리하는 방법을 배웁니다. AI를 든든한 업무 파트너로 활용할 수 있게 됩니다.

5부
AI와 함께하는 더 나은 미래
AI를 안전하고 윤리적으로 사용하는 방법과 AI와 인간이 조화롭게 공존하는 미래를 그려봅니다. 빠르게 발전하는 AI 기술을 지속적으로 학습하는 장기 로드맵을 제공합니다.

6부
인간의 몸을 가진 AI
AI가 화면을 벗어나 물리적 세계로 나오는 Physical AI의 세계를 탐험합니다. 인간처럼 보고 듣고 움직이는 AI가 만들어갈 새로운 일상과 인간-로봇 협업의 미래를 구체적으로 그려봅니다.

차례

책을 프로듀싱하다   4

4bookAI 사용 가이드   6

작가의 말   14

책의 구성 및 추천   16

프롤로그: AI가 바꾸는 우리의 일상   24

당신도 모르게 이미 시작된 AI 혁명 | 이 책을 통해 얻게 될 3가지 슈퍼파워 | 비전문가를 위한 이 책의 사용법

1부
AI, 친구인가 경쟁자인가

Chapter 1. AI의 실체 - 마법이 아닌 기술 이해하기   32

할머니도 이해하는 AI의 정의: 뇌를 모방한 컴퓨터 | AI 발전의 결정적 순간들: 체스부터 챗GPT까지 | 내 손안의 AI: 스마트폰에서 이미 사용 중인 기술들

Chapter 2. 생성형 AI - 혁신의 중심에 서다   40

생성형 AI란? 창작하는 기계의 탄생 | 텍스트, 이미지, 음성, 영상 - 모든 것을 만들어내는 AI | 생성형 AI의 한계: 환각과 편향 알아보기

Chapter 3. AI가 잘하는 것과 못하는 것   48

AI의 슈퍼파워: 패턴 인식, 빅데이터 분석, 반복 작업 | AI의 약점: 감정, 맥락 이해, 윤리적 판단 | AI를 과신하면 안 되는 5가지 상황

2부
AI와 효과적으로 대화하기

Chapter 4. 프롬프트의 예술 - AI에게 명령하는 법　　　　60
프롬프트란? AI와의 대화를 시작하는 열쇠 | 명확한 지시와 모호한 지시의 결과 차이 | 프롬프트 공식: 역할 + 목표 + 상황 + 형식

Chapter 5. AI의 답변을 100% 활용하는 법　　　　68
AI 응답을 더 정확하게 만드는 질문 기술 | 단계적 검증: AI 결과물 팩트체크하기 | AI 응답을 개선하는 후속 질문 패턴

Chapter 6. 일상에 바로 적용하는 AI 활용법　　　　78
시간 절약: 이메일, 보고서, 요약 자동화하기 | 아이디어 폭발: 브레인스토밍과 창의성 향상 | 학습 가속: AI를 개인 튜터로 활용하기

3부
AI 시대의 승자되기

Chapter 7. AI와 함께 성장하는 직업의 미래　　　　90
사라질 직업 vs 번창할 직업: AI 시대의 직업 지형도 | 직업의 변신: AI가 변화시킬 10대 산업 트렌드 | 미래 경쟁력: AI가 대체할 수 없는 인간 고유의 능력

Chapter 8. AI 시대에 필수적인 디지털 역량　　　　100
AI 리터러시: 비전문가도 갖춰야 할 기본 이해력 | 디지털 협업 역량: AI와 사람, 사람과 사람 사이의 소통 | 평생학습 마인드셋: 계속 진화하는 기술 따라잡기

Chapter 9. AI로 개인 생산성 폭발시키기　　　　110
작업 흐름 최적화: AI 루틴으로 효율성 극대화 | 넛지 시스템: AI를 활용한 습관 형성과 동기부여 | 정보 과부하 해결: AI로 중요한 정보만 걸러내기

AI 에이전트 마스터하기

Chapter 10. AI 에이전트란 무엇인가? 122
에이전트의 개념: 단순 AI와 에이전트의 차이점 | 에이전트의 종류와 용도: 업무별 최적의 도구 선택 | 에이전트가 바꿀 일상과 업무 환경

Chapter 11. 나만의 AI 어시스턴트 만들기 138
퍼스널 에이전트 설계: 맞춤형 도우미 만들기 | 역할과 규칙 설정: 에이전트의 성격과 한계 정의하기 | 지속적 개선: 피드백으로 에이전트 성능 향상

Chapter 12. 에이전트 팀으로 복잡한 작업 해결하기 150
여러 에이전트의 협업: 시너지 효과 만들기 | 에이전트 체인과 워크플로우 구성하기 | 인간-에이전트 팀워크: 최적의 역할 분담

AI와 함께하는 더 나은 미래

Chapter 13. AI 윤리와 균형 잡힌 활용 162
AI의 양면성: 기회와 위험 인식하기 | 개인정보와 보안: 안전하게 AI 활용하기 | 책임감 있는 AI 사용자 되기

Chapter 14. AI와 인간의 공존, 그 다음 단계 174
AI가 만드는 창의적 협업의 가능성 | 인간다움의 가치 재발견: AI 시대의 인간성 | 미래 준비: AI와 함께 성장하는 마인드셋

Chapter 15. 지속적인 학습과 성장의 여정 184
AI 최신 트렌드 따라잡기: 정보원과 학습 방법 | 커뮤니티 참여: 함께 배우고 성장하기 | 개인 성장 로드맵: AI 시대의 평생학습자 되기

6부
인간의 몸을 가진 AI

Chapter 16. Physical AI - 인간의 형상을 한 지능   198

AI의 다음 진화: 소프트웨어에서 하드웨어로 | 휴머노이드란? 인간처럼 보고, 듣고, 움직이는 로봇의 개념 | AI 두뇌 + 물리적 몸: 감각과 행동의 융합 구조 | 산업 현장의 변화: 물리 AI가 만드는 새로운 노동 환경 | 일상 속으로 들어온 휴머노이드: 돌봄, 서비스, 교육의 현장 사례 | 감정 인식과 인간적 상호작용의 경계

심층 분석. 2026년 이후, 휴머노이드 로봇의 현재와 미래   218

서론: 휴머노이드 로봇, 'ChatGPT 모멘트'는 오는가? | 주요 기업별 휴머노이드 로봇 개발 현황 및 전략 | 미래 예측: 휴머노이드 로봇 기술 발전 로드맵 | 시장 동향 및 투자 관점 | 도전 과제와 사회적 영향 결론: 인간과 로봇이 공존하는 미래를 향하여

실전 활용법 10 - 상황별 프롬프트   244

AI 용어 100   266

맺음말   306

프롤로그
AI가 바꾸는 우리의 일상

눈을 뜨고 잠자리에 들 때까지, 우리는 인공지능(AI)의 영향력 아래 놓여 있습니다. 스마트폰으로 날씨를 확인하고, 출근길 내비게이션의 안내를 받으며, 저녁 식사로 배달 앱을 통해 메뉴를 고르는 모든 순간에 AI는 이미 우리의 일상 깊숙이 스며들어 있습니다. 어쩌면 당신도 모르는 사이에 이미 AI 혁명의 한가운데 서 있을지도 모릅니다. 이 거대한 변화의 물결 속에서, AI를 단순히 '어려운 기술'로 치부하거나 막연한 두려움을 가질 필요는 없습니다. 오히려 AI를 이해하고 활용하는 능력이 미래 시대의 가장 강력한 경쟁력이 될 것입니다.

이 책은 AI에 대한 비전문가인 당신이 그 힘을 온전히 이해하고, 일상과 업무에 효과적으로 적용하며, 나아가 AI가 이끄는 새로운 시대의 승자가 될 수 있도록 돕기 위해 기획되었습니다.

당신도 모르게 이미 시작된 AI 혁명

　AI 혁명은 특정 분야의 전문가들만의 이야기가 아닙니다. 넷플릭스가 당신의 취향에 맞는 영화를 추천하고, 유튜브가 당신이 좋아할 만한 영상을 끊임없이 보여주며, 심지어 은행 앱이 당신의 소비 패턴

프롤로그 AI가 바꾸는 우리의 일상

을 분석해 맞춤형 금융 상품을 제안하는 것, 이 모든 것이 AI가 작동하는 방식의 단적인 예입니다. 우리는 이미 수많은 AI 기반 서비스와 도구를 의식하지 못한 채 사용하고 있습니다.

과거에는 상상하기 어려웠던 방대한 데이터 처리, 패턴 인식, 예측 분석 등의 작업이 AI를 통해 실시간으로 이루어지고 있으며, 이는 산업 전반과 개인의 라이프스타일을 송두리째 변화시키고 있습니다. 마치 전기가 세상을 바꾸고, 인터넷이 정보의 접근성을 혁신했듯이, AI는 지능적 자동화와 창조적 협업의 새 시대를 열고 있습니다. 중요한 것은 이러한 변화가 '미래'가 아닌 '현재' 진행형이라는 사실입니다.

이 책을 통해 얻게 될 3가지 슈퍼파워

이 책은 당신이 AI 시대를 주도적으로 살아갈 수 있도록 세 가지 핵심적인 '슈퍼파워'를 선사할 것입니다.

1. AI의 본질을 꿰뚫어보는 통찰력

AI는 더 이상 마법이나 미지의 영역이 아닙니다. 이 책은 복잡해 보이는 AI의 원리를 누구나 쉽게 이해할 수 있도록 명쾌하게 설명합니다. AI가 무엇이고, 어떻게 작동하며, 무엇을 할 수 있고 무엇을 할 수 없는지를 정확히 알게 되면, AI에 대한 막연한 두려움은 사라지고 이를 비판적으로 바라보고 활용할 수 있는 지적 능력을 갖추게 될 것입니다. 마치 복잡한 기계의 작동 원리를 이해하면

고장 나도 당황하지 않고 수리할 방법을 찾을 수 있듯이, AI의 작동 원리를 이해하면 이 기술을 더욱 현명하게 활용할 수 있습니다.

2. AI를 당신의 가장 강력한 비서로 활용하는 능력

단순히 AI에 대한 지식을 쌓는 것을 넘어, 이 책은 당신이 AI와 효과적으로 소통하고 이를 당신의 업무와 학습, 일상에 적극적으로 통합하는 실질적인 방법을 제시합니다. '프롬프트 엔지니어링'과 같은 AI 소통 기술을 익히고, 생성형 AI를 활용해 창의적인 결과물을 만들며, AI 에이전트를 통해 반복적인 작업을 자동화하는 구체적인 노하우를 배우게 될 것입니다. 이를 통해 당신은 시간과 노력을 절약하고, 생산성을 극대화하며, 이전에는 불가능했던 새로운 가능성을 열 수 있습니다. 당신의 생산성을 10배, 100배 높여줄 강력한 도구를 얻게 되는 것입니다.

3. AI 시대의 변화를 주도하는 리더십과 적응력

AI는 단순히 도구를 넘어, 사회와 직업의 미래를 재편하는 강력한 변수입니다. 이 책은 AI가 가져올 직업 세계의 변화를 예측하고, AI가 대체할 수 없는 인간 고유의 능력은 무엇인지, 그리고 AI 시대에 필수적인 디지털 역량은 무엇인지를 심층적으로 다룹니다. AI와 공존하며 더 나은 미래를 설계하기 위한 윤리적 관점과 지속적인 학습의 중요성도 강조합니다. 이를 통해 당신은 AI 시대의 파도에 휩쓸리지 않고, 변화를 예측하고 선제적으로 대응하며, 나아가 새로운 기회를 창출하는 리더십과 유연한 적응력을 갖추게 될 것입니다.

프롤로그 AI가 바꾸는 우리의 일상

비전문가를 위한 이 책의 사용법

이 책은 AI에 대한 사전 지식이 전혀 없는 독자도 쉽게 따라올 수 있도록 구성되었습니다. 다음과 같은 방법으로 이 책을 활용하시면 가장 효과적인 학습 경험을 얻으실 수 있습니다.

처음부터 차례대로 읽기

AI의 기본 개념부터 심화된 활용법, 미래 전망까지 체계적으로 연결되어 있습니다. 처음부터 순서대로 읽어나가시면 AI에 대한 전체적인 그림을 그리고 각 개념을 명확하게 이해하는 데 도움이 될 것입니다. 각 챕터는 이전 챕터의 지식을 바탕으로 심화되기 때문에, 순차적인 학습이 가장 효율적입니다.

예시와 함께 실습하기

이 책은 수많은 구체적인 예시와 활용법을 제시합니다. 단순히 읽고 넘어가는 대신, 직접 AI 도구(예: 챗GPT, 미드저니 등)를 열어 제시된 프롬프트를 입력해보거나, 당신의 일상 문제에 적용해보는 것을 강력히 추천합니다. 직접 해보는 과정을 통해 AI에 대한 이해도는 물론, 활용 능력을 비약적으로 향상시킬 수 있습니다. 학습은 경험에서 나옵니다.

궁금한 부분만 골라 읽기

AI에 대해 특정 궁금증이 있거나, 당장 필요한 정보가 있다면 목차를 참고하여 해당 챕터만 골라 읽는 것도 효과적입니다. 예를 들어,

프롬프트 작성법이 궁금하다면 제2부의 Chapter 4를, 직업의 미래가 궁금하다면 제3부의 Chapter 7을 먼저 읽어볼 수 있습니다. 각 챕터는 독립적인 의미를 가지면서도 전체적인 맥락 속에서 더욱 깊은 이해를 제공합니다.

지속적인 탐구의 시작점으로 삼기

이 책은 AI 학습의 종착점이 아니라, AI 시대를 살아가는 당신의 지속적인 탐구와 성장의 시작점이 되기를 바랍니다. 책에서 다루지 못한 더 깊은 내용이나 최신 트렌드는 관련 커뮤니티나 전문 자료를 통해 계속 학습해나가시길 권합니다. AI 기술은 매일 진화하고 있습니다.

이 책은 AI에 대한 막연한 두려움을 없애고, 당신의 잠재력을 최대한으로 끌어내어 AI 시대를 당신의 시대로 만드는 데 기여할 것입니다. 이제 AI와 함께하는 흥미진진한 여정을 시작해볼까요?

1부

AI, 친구인가 경쟁자인가

"물론 기술로서의 AI는 복잡하지만
AI의 기능과 이점을 이해하는 것은 어렵지 않습니다."

- 젠슨 황 (Jensen Huang)

Ch 1.
AI의 실체
- 마법이 아닌 기술 이해하기

인공지능(AI)은 마치 마법처럼 느껴질 때가 많습니다. 우리의 질문에 척척 답하고, 그림을 그려주며, 심지어 복잡한 코드를 작성하기도 합니다.

하지만 AI는 마법이 아니라, 정교하게 설계된 기술의 집약체입니다. 이 챕터에서는 AI의 본질을 이해하고, 어떻게 발전해왔으며, 이미 우리 삶에 얼마나 깊숙이 들어와 있는지 살펴봄으로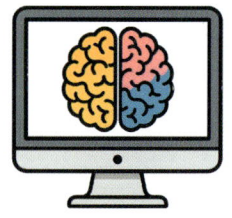
써 AI에 대한 막연한 환상이나 두려움을 걷어내고 실체를 명확히 파악하는 시간을 가질 것입니다.

할머니도 이해하는 AI의 정의: 뇌를 모방한 컴퓨터

AI의 정의는 생각보다 간단합니다. 쉽게 말해, 인공지능은 인간의 뇌가 하는 생각과 학습, 판단, 문제 해결 등의 지적 활동을 컴퓨터 프로그램으로 구현한 기술입니다. 할머니에게 설명하듯이 비유하자면,

Ch 1. AI의 실체 - 마법이 아닌 기술 이해하기

AI는 '아주 똑똑한 컴퓨터' 또는 '우리가 시키는 대로 배우고 판단하는 로봇'이라고 할 수 있습니다. 인간의 뇌가 데이터를 보고 패턴을 인식하고, 이를 바탕으로 미래를 예측하거나 의사결정을 내리는 것처럼, AI도 대량의 데이터를 학습하여 주어진 문제를 해결하고 새로운 정보를 생성합니다.

 예를 들어, 어린아이가 사과 사진을 수백 장 보고 '빨갛고 둥근 과일은 사과'라고 배우는 것처럼, AI도 수백만 장의 사과 이미지를 학습하여 '사과'를 식별합니다. 여기서 중요한 것은 AI가 단순한 정보 검색기가 아니라, 학습을 통해 새로운 지식을 생성하거나 기존 지식을 조합하여 문제를 해결하는 능력을 가진다는 점입니다. 물론 AI는 인간처럼 감정을 느끼거나 자아를 가지지는 않습니다. 그저 인간이 정의한 목표와 규칙에 따라 작동하는 고도로 발전된 알고리즘의 집합체인 것입니다.

AI 발전의 결정적 순간들: 체스부터 챗GPT까지

 AI는 하루아침에 나타난 기술이 아닙니다. 수십 년간의 연구와 혁신이 쌓여 현재에 이르렀습니다. 그 발전 과정을 살펴보면 AI의 현재와 미래를 이해하는 데 큰 도움이 됩니다.

AI 발전의 결정적 순간들: 체스부터 챗GPT까지

초기 AI (1950년대 ~ 1980년대): 기호주의 AI와 전문가 시스템

AI라는 용어가 처음 등장한 것은 1956년 다트머스 회의에서였습니다. 초기의 AI는 '기호주의 AI'로, 인간의 지식을 논리 규칙과 기호로 표현하여 컴퓨터가 추론하도록 하는 방식이었습니다.

대표적인 예시로 1997년 IBM의 딥 블루(Deep Blue)가 체스 챔피언 가리 카스파로프를 이긴 사건이 있습니다. 딥 블루는 엄청난 수의 체스 경우의 수를 계산하고 미리 정의된 규칙에 따라 최적의 수를 찾아내는 방식이었습니다. 이는 AI의 가능성을 보여주었지만, 특정 분야에만 적용 가능하고 유연성이 부족하다는 한계가 있었습니다.

머신러닝의 등장 (1990년대 ~ 2000년대): 데이터 기반 학습

2000년대에 들어서면서 데이터의 양이 폭발적으로 증가하고 컴퓨터 연산 능력이 향상되면서 '머신러닝(Machine Learning)'이 AI 연구의 주류로 떠올랐습니다. 머신러닝은 AI가 명시적인 프로그래밍 없이 데이터로부터 스스로 학습하고 패턴을 찾아내는 기술입니다.

예를 들어, 스팸 메일을 분류하는 AI는 수많은 메일의 특징(특정 단어, 발신자 정보 등)을 학습하여 스팸 여부를 판단합니다. 이 시기에는 SVM(서포트 벡터 머신), 결정 트리 등 다양한 머신러닝 알고리즘이 개발되었습니다.

Ch 1. AI의 실체 - 마법이 아닌 기술 이해하기

딥러닝의 혁명 (2010년대 이후): 인공신경망의 부활

2012년 이미지 인식 대회(ImageNet)에서 알렉스넷(AlexNet)이라는 딥러닝 모델이 압도적인 성능을 보이며 '딥러닝(Deep Learning)' 시대가 본격적으로 열렸습니다. 딥러닝은 인간 뇌의 신경망을 모방한 '인공신경망'을 다층으로 쌓아 올린 형태로, 스스로 복잡한 패턴을 학습하고 고차원적인 특징을 추출하는 데 탁월한 성능을 보입니다.

이 기술 덕분에 음성 인식, 이미지 인식, 자연어 처리 등 AI의 다양한 분야에서 비약적인 발전이 이루어졌습니다. 구글의 알파고

(AlphaGo)가 바둑 챔피언 이세돌 9단을 이긴 것은 딥러닝의 힘을 전 세계에 각인시킨 상징적인 사건입니다. 알파고는 방대한 기보 학습과 스스로 대국하며 실력을 키우는 강화 학습 방식을 사용했습니다.

생성형 AI의 폭발 (2020년대 이후): 챗GPT의 등장

2022년 11월, 오픈AI가 출시한 챗GPT(ChatGPT)는 일반 대중에게 AI의 혁신적인 잠재력을 직접 체험하게 해주며 AI 열풍을 일으켰습니다. 챗GPT는 '생성형 AI'의 일종으로, 기존 데이터를 학습하여 새로운 텍스트, 이미지, 음성, 영상 등을 생성하는 능력을 가지고 있습니다.

이 모델들은 단순히 주어진 정보를 검색하거나 분석하는 것을 넘어, 마치 인간처럼 창의적인 결과물을 만들어낼 수 있게 되면서 AI의 활용 범위가 상상할 수 없을 정도로 확장되었습니다. 이는 AI가 단순

한 도구를 넘어, 인간의 지적 활동을 보조하고 확장하는 강력한 협력자가 될 수 있음을 보여주었습니다.

내 손안의 AI: 스마트폰에서 이미 사용 중인 기술들

AI는 먼 미래의 기술이 아닙니다. 우리는 이미 매일 사용하는 스마트폰을 통해 AI 기술을 적극적으로 활용하고 있습니다. 당신도 모르는 사이에 AI는 당신의 삶을 더 편리하게 만들고 있습니다.

음성 비서 (Voice Assistant)

"시리야", "빅스비", "오케이 구글"을 부르면 스마트폰이 반응하는 것은 AI 기반의 음성 인식 기술 덕분입니다. 당신의 목소리를 텍스트로 변환하고, 그 의미를 이해하여 명령을 수행합니다. 날씨를 알려주고, 전화를 걸어주며, 알람을 설정하는 등 기본적인 일상생활 보조 기능을 제공합니다.

사진 앱의 기능

스마트폰의 사진 앱은 AI를 활용해 얼굴을 인식하고, 사람별로 사진을 분류하며, 심지어 반려동물의 얼굴도 인식합니다. 인물 사진 모드에서 배경을 흐리게 처리하는 '보케(bokeh)' 효과나, 사진의 노출, 색감 등을 자동으로 보정해주는 기능도 AI 기반의 이미지 처리 기술입니다. 또한, 특정 키워드(예: '하늘', '음식')로 사진을 검색할 수 있는 기능 역시 AI가 사진의 내용을 분석하여 태그를 부여한 결과입니다.

추천 시스템

유튜브, 넷플릭스, 스포티파이 등 스트리밍 서비스가 당신이 좋아할 만한 콘텐츠를 정확히 추천해주는 비결은 바로 AI 추천 알고리즘입니다. 당신의 시청 기록, 좋아요/싫어요 표시, 검색 기록 등을 분석하여 유사한 취향을 가진 다른 사용자와의 패턴을 비교함으로써 개인화된 추천 목록을 제공합니다. 이는 당신의 취향을 정확히 저격하여 서비스 이용 시간을 늘리는 데 큰 역할을 합니다.

스마트 검색 및 예측 텍스트

구글 검색창에 몇 글자만 입력해도 관련 검색어가 자동으로 뜨는 것은 AI가 당신의 의도를 예측하여 제안하는 기능입니다. 또한 메시지를 입력할 때 다음에 올 단어를 예측하여 추천해주는 '예측 텍스트(Predictive Text)' 기능도 AI가 학습한 언어 모델을 기반으로 합니다.

내비게이션 앱

티맵, 카카오내비 등 내비게이션 앱은 실시간 교통 정보를 AI가 분석하여 최적의 경로를 안내합니다. 사고, 정체, 공사 등 다양한 변수를 실시간으로 학습하고 반영하여 가장 빠른 길을 찾아주는 것입니다. 이는 단순한 지도 서비스가 아니라, AI가 도로 상황을 예측하고 경로를 동적으로 변경하는 고도의 지능형 시스템입니다.

내 손안의 AI: 스마트폰에서 이미 사용 중인 기술들

　이처럼 AI는 이미 우리의 삶 속에 깊숙이 들어와 있으며, 마법이 아닌 기술적 원리에 따라 작동하고 있습니다. AI의 실체를 이해하는 것은 이 시대를 살아가는 데 필수적인 첫걸음입니다. 다음 챕터에서는 최근 가장 큰 주목을 받고 있는 '생성형 AI'에 대해 더 자세히 알아보겠습니다.

Ch 2.
생성형 AI
- 혁신의 중심에 서다

최근 몇 년간 인공지능 분야에서 가장 뜨거운 화두는 단연 '생성형 AI(Generative AI)'입니다. 챗GPT를 필두로 텍스트, 이미지, 음성, 영상 등 다양한 형태의 창의적인 결과물을 만들어 내는 이 AI 기술은 전례 없는 파급력으로 우리의 일상과 업무 방식을 혁신하고 있습니다.

이 챕터에서는 생성형 AI의 개념과 작동 방식, 그리고 다양한 활용 사례를 살펴보며 이 기술이 왜 '혁신의 중심'에 서 있는지 깊이 있게 이해하는 시간을 가질 것입니다.

생성형 AI란? 창작하는 기계의 탄생

생성형 AI란? 창작하는 기계의 탄생

기존의 인공지능이 주로 데이터를 분석하고 분류하며 예측하는 데 중점을 두었다면, 생성형 AI는 학습한 데이터를 기반으로 세상에 없던 새로운 콘텐츠를 '생성'하는 인공지능 모델을 의미합니다. 이는 마

Ch 2. 생성형 AI - 혁신의 중심에 서다

치 인간이 무언가를 배우고 나서 그 지식을 바탕으로 새로운 아이디어를 내거나 창작 활동을 하는 것과 유사합니다.

예를 들어, 기존 AI가 강아지 사진을 보고 '이것은 강아지다'라고 식별하는 능력이었다면, 생성형 AI는 '골든 리트리버가 눈밭에서 행복하게 뛰어노는 모습'이라는 텍스트 명령만으로 실제 같은 강아지 이미지를 새롭게 만들어낼 수 있습니다. 핵심은 '생성(Generation)' 능력에 있습니다. 이는 통계적 패턴 학습을 넘어선 창의적 재해석과 조합의 결과물이라고 할 수 있습니다.

생성형 AI의 등장은 인공지능이 단순히 효율성을 높이는 도구를 넘어, 인간의 창의성을 보조하고 확장하며, 나아가 새로운 가치를 창출하는 파트너로 진화했음을 의미합니다. 이러한 생성 능력은 주로 '거대 언어 모델(Large Language Model, LLM)'과 '확산 모델(Diffusion Model)' 등의 기술을 기반으로 합니다. LLM은 방대한 텍스트 데이터를 학습하여 인간의 언어를 이해하고 생성하며, 확산 모델은 이미지나 영상 같은 비주얼 데이터를 생성하는 데 주로 사용됩니다.

텍스트, 이미지, 음성, 영상 - 모든 것을 만들어내는 AI

생성형 AI의 가장 놀라운 점은 다양한 형태의 콘텐츠를 생성할 수 있다는 것입니다. 이는 특정 분야에만 국한되지 않고, 창작의 거의 모든 영역에 걸쳐 적용될 수 있습니다.

텍스트, 이미지, 음성, 영상 - 모든 것을 만들어내는 AI

텍스트 생성

• **설명** 챗GPT(ChatGPT), 바드(Bard, 현 Gemini), 클로드(Claude) 등 거대 언어 모델(LLM)이 대표적입니다. 이들은 주어진 질문이나 프롬프트에 따라 이메일 작성, 보고서 요약, 소설 쓰기, 시 창작, 코딩, 아이디어 브레인스토밍, 번역 등 무궁무진한 텍스트 결과물을 생성할 수 있습니다.

• **예시** "새로운 카페 오픈을 위한 홍보 문구를 5가지 제안해줘"라고 입력하면 AI는 다양한 슬로건과 캐치프레이즈를 즉시 만들어냅니다.

심지어 "조선시대 김유정이 쓴 것 같은 스타일로 홍길동전의 뒷이야기를 써줘"와 같이 복잡한 요구사항도 처리할 수 있습니다.

이미지 생성

• **설명** 미드저니(Midjourney), 달리(DALL-E), 스테이블 디퓨전(Stable Diffusion) 등이 있습니다. 텍스트 프롬프트(Text-to-Image)만으로 상상 속의 이미지를 현실처럼, 또는 예술 작품처럼 구현해냅니다.

• **예시** "우주복을 입은 고양이가 달 위에서 기타를 치고 있는 초현실적인 그림"이라고 입력하면, AI는 그 설명을 바탕으로 전례 없는 이미지를 몇 초 만에 생성해냅니다. 이는 일러스트레이터, 디자이너, 마케터 등 시각 콘텐츠 제작 분야에 혁명적인 변화를 가져왔습니다.

Ch 2. 생성형 AI - 혁신의 중심에 서다

음성 생성

- **설명** 일레븐랩스(ElevenLabs), 네이버 클로바 더빙, 구글 텍스트-투-스피치(Text-to-Speech) 등은 텍스트를 자연스러운 음성으로 변환해줍니다. 특정 인물의 목소리를 학습하여 그 목소리로 새로운 텍스트를 읽게 하거나, 다양한 감정을 담은 목소리를 생성할 수도 있습니다.

- **예시** 전자책의 내용을 오디오북으로 만들거나, 유튜브 영상의 내레이션을 자동으로 생성하는 데 활용될 수 있습니다. 또한, 고인이 된 유명인의 목소리를 복원하여 새로운 콘텐츠를 만드는 등의 기술도 연구되고 있습니다.

영상 생성

- **설명** 런웨이(RunwayML), 피카 랩스(Pika Labs), 오픈AI의 소라(Sora) 등이 초기 단계에 있습니다. 텍스트 설명(Text-to-Video)이나 단일 이미지를 기반으로 짧은 영상을 생성하며, 향후 영화 제작, 광고, 교육 콘텐츠 등 영상 산업 전반에 막대한 영향을 미칠 잠재력을 가지고 있습니다.

- **예시** "잔잔한 호수 위로 해가 뜨는 풍경에 백조 두 마리가 유유히 헤엄치는 4K 영상"이라고만 입력해도 AI가 사실적인 영상을 만들어 낼 수 있습니다. 이는 영상 제작의 진입 장벽을 낮추고 개인의 창의성을 폭발적으로 확장시킬 것입니다.

이 외에도 3D 모델, 음악, 코드 등 다양한 형태의 콘텐츠를 생성하는 AI 기술이 빠르게 발전하고 있습니다. 생성형 AI는 단순히 시간을 절약하는 도구를 넘어, 인간의 상상력을 현실로 구현하는 새로운 창작의 도구로 자리매김하고 있습니다.

생성형 AI의 한계: 환각과 편향 알아보기

생성형 AI는 강력한 도구이지만, 여전히 명확한 한계를 가지고 있습니다. 이러한 한계를 이해하는 것은 AI를 올바르고 책임감 있게 활용하는 데 필수적입니다.

환각 (Hallucination)

생성형 AI의 가장 큰 문제점 중 하나는 '환각(Hallucination)' 현상입니다. 이는 AI가 사실이 아닌 정보를 마치 사실인 것처럼 그럴듯하게 생성하는 현상을 말합니다. AI는 학습한 데이터 내의 패턴을 기반으로 다음 올 단어나 문장을 예측하며 생성하는데, 이 과정에서 때때로 논리적으로 그럴듯하지만 실제로는 잘못된 정보를 만들어낼 수 있습니다.

Ch 2. 생성형 AI - 혁신의 중심에 서다

- **예시** "세종대왕이 개발한 현대 자동차 모델에 대해 설명해줘"라고 물으면 AI는 실제로 존재하지 않는 자동차 모델에 대해 그럴듯한 설명(예: '세종대왕의 애민정신이 담긴 혁신적인 디자인', '백성을 위한 자동 운행 시스템')을 지어낼 수 있습니다. 또는 실제 인물이나 사건에 대해 완전히 틀린 정보나 날짜를 자신 있게 제시하기도 합니다.

이러한 환각 현상은 특히 사실 확인이 중요한 분야(예: 법률, 의료, 과학 연구)에서 AI 결과물을 맹신해서는 안 되는 중요한 이유가 됩니다. AI의 답변은 항상 교차 검증을 통해 팩트체크해야 합니다.

편향 (Bias)

생성형 AI는 방대한 데이터를 학습합니다. 그런데 이 학습 데이터 자체가 세상의 편견이나 불평등을 내포하고 있다면, AI 역시 그러한 편향을 학습하여 결과물에 반영할 수 있습니다. 예를 들어, 인터넷에 존재하는 대부분의 직업 이미지가 특정 성별이나 인종에 치우쳐 있다면, AI는 그러한 편향을 그대로 재생산하게 됩니다.

- **예시** "의사 이미지를 그려줘"라고 입력했을 때 AI가 백인 남성 의사 이미지만 생성하거나, "CEO의 모습을 그려줘"라고 했을 때 늘 정장 차림의 남성 이미지만 생성한다면 이는 학습 데이터의 편향이 반영된 결과입니다. 또한, 특정 인종이나 지역에 대한 부정적인 스테레오타입을 강화하는 텍스트를 생성할 수도 있습니다.

이러한 편향은 사회적 불평등을 심화시키거나 특정 집단에 대한 오해를 불러일으킬 수 있으므로, AI 개발사와 사용자 모두가 경각심을 가지고 문제를 인식하고 해결하려 노력해야 합니다. AI 결과물을 비판적인 시각으로 바라보고, 편향 가능성을 항상 염두에 두는 것이 중요합니다.

생성형 AI는 의심할 여지 없는 강력한 도구이자 혁신을 이끄는 주역입니다. 하지만 그 한계를 명확히 이해하고, 윤리적이고 책임감 있게 활용하려는 노력이 동반되어야만 그 잠재력을 온전히 긍정적인 방향으로 이끌어낼 수 있습니다. 다음 챕터에서는 AI가 가진 강점과 약점을 더 세부적으로 비교하며 AI 활용의 지혜를 모색할 것입니다.

Ch 3. AI가 잘하는 것과 못하는 것

Ch 3.
AI가
잘하는 것과 못하는 것

　인공지능(AI)은 인간의 지능을 모방하여 놀라운 능력을 보여주지만, 모든 것을 완벽하게 해내는 만능 해결사는 아닙니다. AI를 효과적으로 활용하기 위해서는 AI가 무엇을 잘하고 무엇을 못하는지 명확히 이해하는 것이 매우 중요합니다.
　이 챕터에서는 AI의 슈퍼파워와 약점을 구체적으로 살펴보고, AI를 맹목적으로 신뢰해서는 안 되는 상황들을 제시함으로써 AI를 현명하게 활용하는 기준을 제시할 것입니다.

AI의 슈퍼파워: 패턴 인식, 빅데이터 분석, 반복 작업

AI의 슈퍼파워: 패턴 인식, 빅데이터 분석, 반복 작업

AI는 특정 영역에서 인간의 능력을 훨씬 뛰어넘는 독보적인 강점을 가지고 있습니다. 이러한 강점들을 이해하면 AI를 어디에 활용해야 최대의 시너지를 낼 수 있는지 파악할 수 있습니다.

Ch 3. AI가 잘하는 것과 못하는 것

1. 패턴 인식 (Pattern Recognition)

· AI의 가장 핵심적인 능력 중 하나는 방대한 데이터 속에서 규칙과 경향성을 찾아내는 패턴 인식입니다. 이는 인간이 인지하기 어려운 복잡하고 미묘한 패턴까지도 정확하게 식별할 수 있습니다.

· **예시** 의료 분야에서 AI는 수많은 엑스레이, MRI 영상 데이터를 학습하여 초기 암세포나 질병의 징후를 인간 의사보다 더 빠르고 정확하게 감지할 수 있습니다. 주식 시장에서는 과거의 방대한 거래 데이터를 분석하여 주가 변동 패턴을 인식하고 미래를 예측하는 데 활용됩니다. 스팸 메일 필터링, 얼굴 인식, 음성 인식 등도 모두 AI의 패턴 인식 능력을 기반으로 합니다.

2. 빅데이터 분석 (Big Data Analysis)

· AI는 인간이 처리할 수 없는 엄청난 양의 데이터를 순식간에 분석하고 의미 있는 통찰을 도출하는 데 탁월합니다. 빅데이터는 그 자체로는  의미가 없지만, AI의 분석을 거치면 강력한 정보가 됩니다.

· **예시** 유통업체는 AI를 활용해 수십억 건의 고객 구매 기록과 웹사이트 방문 패턴을 분석하여 고객의 취향을 파악하고, 개인화된 상품을 추천하거나 재고 관리를 최적화합니다. 도시 계획에서는 교통량, 인구 밀도, 환경 데이터 등 방대한 정보를 AI가 분석하여 효율적인 도시 설계를 돕습니다. 과학 연구에서는 복잡한 실험 데이터를 AI가 분석하여 새로운 가설을 도출하거나 미지의 물질을 찾아내기도 합니다.

3. 반복 작업 (Repetitive Tasks)

• AI는 지루하고 반복적이며 오류가 발생하기 쉬운 작업을 지치지 않고 정확하게 수행하는 데 최적화되어 있습니다. 이는 인간이 더 가치 있고 창의적인 일에 집중할 수 있도록 시간을 벌어줍니다.

• **예시** 고객 서비스 챗봇은 단순하고 반복적인 고객 문의(예: 배송 조회, 자주 묻는 질문)를 24시간 처리하여 상담원의 업무 부담을 줄여줍니다. 공장 자동화 로봇은 생산 라인에서 반복적인 조립이나 검수 작업을 오류 없이 수행하며 생산 효율을 극대화합니다. 금융권에서는 AI가 수많은 거래 데이터를 분석하여 사기성 거래 패턴을 감지하고 자동으로 차단하는 시스템을 구축합니다. 데이터 입력, 문서 분류, 초안 작성 등도 AI가 잘하는 반복 작업의 예시입니다.

AI의 약점: 감정, 맥락 이해, 윤리적 판단

AI는 강력하지만, 인간만이 가진 고유한 능력 앞에서 명확한 한계를 드러냅니다. AI의 약점을 이해하는 것은 AI가 할 수 없는 영역을 파악하고, 인간의 역할이 여전히 중요한 이유를 깨닫는 데 도움이 됩니다.

1. 감정 (Emotion)

• AI는 데이터를 기반으로 감정을 '인지'하거나 '모방'할 수는 있지만, 실제 인간처럼 감정을 느끼거나 공감하는 능력은 없습니다. AI는

Ch 3. AI가 잘하는 것과 못하는 것

인간의 감정적 뉘앙스, 비언어적 표현, 복잡한 사회적 상호작용의 미묘함을 완전히 이해하지 못합니다.

· **예시** 슬픔에 잠긴 친구에게 단순히 논리적인 해결책을 제시하는 것은 AI도 할 수 있지만, 그 슬픔에 진정으로 공감하고 따뜻한 위로를 건네며 정서적인 지지를 제공하는 것은 인간만이 할 수 있습니다. 섬세한 감정 표현이 필요한 예술 작품을 창조하거나, 복잡한 인간 관계에서 발생하는 갈등을 해결하는 것도 AI의 한계입니다.

2. 맥락 이해 (Contextual Understanding)

· AI는 주어진 데이터와 규칙 안에서는 뛰어난 성능을 보이지만, 추상적이고 모호하며 변화무쌍한 실제 세상의 복합적인 '맥락'을 심층적으로 이해하는 데 어려움을 겪습니다. 인간은 상식, 경험, 문화적 배경 등을 바탕으로 상황의 숨겨진 의미를 파악하지만, AI는 이러한 '상식'이나 '숨겨진 의도'를 파악하기 어렵습니다.

· **예시** "날씨가 쌀쌀하네"라는 말은 단순히 기온이 낮다는 의미를 넘어, '겉옷을 챙겨야겠다', '감기 조심해야겠다'와 같은 다양한 행동적, 감정적 맥락을 내포합니다. AI는 이를 정확히 이해하고 적절한 조언을 제공하는 데 한계가 있습니다. 또한, 비유, 풍자, 은유와 같은 복잡한 언어 유희나 특정 상황에서의 미묘한 유머를 이해하고 생성하는 것도 AI에게는 어려운 일입니다.

3. 윤리적 판단 (Ethical Judgment)

· AI는 도덕적 가치관이나 윤리적 기준을 스스로 확립할 수 없습니다. AI의 판단은 오직 프로그래밍된 규칙과 학습된 데이터에 기반하며, 옳고 그름에 대한 도덕적 딜레마를 해결하거나 사회적 파장을 고려한 책임감 있는 결정을 내릴 수 없습니다.

· **예시** 자율주행차가 사고 직전 두 가지 선택지(승객의 안전을 최우선할 것인가, 보행자의 안전을 최우선할 것인가)에 놓였을 때, AI는 특정 알고리즘에 따라 작동할 뿐 그 결정의 윤리적 무게를 이해하거나 인간처럼 죄책감을 느끼지 못합니다. 생명과 직결된 의료 진단이나 법적 판단 등 인간의 가치관과 책임감이 필수적인 영역에서 AI는 보조적인 역할만 할 수 있습니다.

AI를 과신하면 안 되는 5가지 상황

AI는 강력한 도구이지만, 맹신하면 심각한 문제를 초래할 수 있습니다. 특히 다음 5가지 상황에서는 AI의 결과물을 맹목적으로 받아들이거나, AI에게 전적인 의사결정을 맡겨서는 안 됩니다.

1. 정보의 정확성 및 진실성이 핵심인 상황

AI는 '환각' 현상으로 인해 사실이 아닌 정보를 그럴듯하게 생성할 수 있습니다. 뉴스 기사 작성, 의학 진단, 법률 자문, 학술 논문 작성 등 정보의 정확성과 진실성이 생명인 분야에서는 AI가 제공한 정보

Ch 3. AI가 잘하는 것과 못하는 것

를 반드시 인간이 직접 교차 검증하고 팩트체크해야 합니다. AI는 정보 검색 및 초안 작성의 도구일 뿐, 최종 검증자는 항상 인간이어야 합니다.

2. 인간적인 감성과 공감이 필수적인 상황

AI는 감정을 느낄 수 없으므로, 섬세한 감정적 교류나 깊은 공감이 필요한 상황에서는 한계가 명확합니다. 심리 상담, 갈등 중재, 위로가 필요한 대화, 예술 비평 등 인간적 교감이 중요한 영역에서는 AI가 보조적인 역할만 할 수 있습니다. AI의 답변이 아무리 그럴듯해도, 진정한 이해와 위로는 인간만이 줄 수 있습니다.

3. 복잡한 윤리적 딜레마나 도덕적 판단이 요구되는 상황

AI는 옳고 그름에 대한 도덕적 가치관이 없으며, 오직 프로그래밍된 알고리즘에 따라 작동합니다. 생명 윤리, 사회 정의, 개인의 권리 등 복잡한 윤리적 딜레마를 해결하고 책임감 있는 도덕적 판단을 내려야 하는 상황에서는 전적으로 인간의 개입과 판단이 필수적입니다. AI는 판단을 위한 정보 제공에만 그쳐야 합니다.

4. 창의적이고 독창적인 아이디어가 필요한 상황

AI는 학습된 데이터를 기반으로 새로운 것을 '조합'하고 '변형'하여 생성합니다. 하지만 인간의 통찰력, 상상력, 그리고 기존의 틀을 깨는 진정한 '독창성'은 아직 AI가 따라잡기 어려운 영역입니다. 완전히 새로운 개념을 창조하거나, 획기적인 발명을 하는 등의 고차원적인 창의성은 여전히 인간 고유의 영역입니다. AI는 아이디어 발상의 보조 도구로 활용될 때 가장 효과적입니다.

5. 예측 불가능한 변수가 많고 상식적 판단이 중요한 상황

AI는 학습 데이터에 기반한 예측에 강하지만, 예측 불가능한 돌발 상황이나 극히 드문 예외 상황에 대해서는 취약할 수 있습니다. 특히 인간의 상식적인 판단이나 직관이 필요한 긴급 상황, 또는 학습되지 않은 새로운 유형의 문제에 직면했을 때 AI는 적절하게 대응하지 못할 가능성이 큽니다. 위기 관리나 복잡한 협상 등에서는 인간의 유연한 사고와 판단이 결정적입니다.

Ch 3. AI가 잘하는 것과 못하는 것

AI는 강력한 동료이자 조력자입니다. 하지만 그 한계를 명확히 인식하고, AI가 잘하는 일과 인간이 잘하는 일을 명확히 구분하여 최적의 협업을 이루는 것이 AI 시대를 현명하게 살아가는 지혜입니다. 다음 제2부에서는 AI와 효과적으로 대화하고 그 능력을 100% 활용하는 구체적인 방법을 다룰 것입니다.

AI를 과신하면 안 되는 5가지 상황

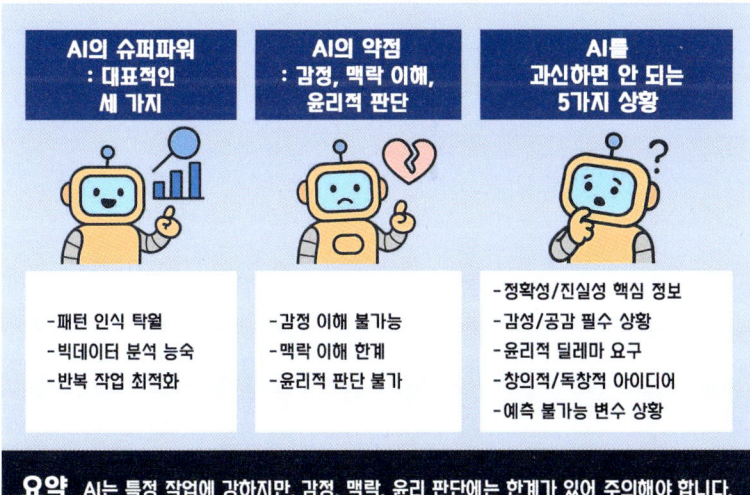

2부

AI와
효과적으로 대화하기

"AI는 선하지도 악하지도 않습니다.
도구입니다. 우리가 사용하는 기술입니다."

- 오렌 에치오니 (Oren Etzioni)

Ch 4.
프롬프트의 예술
- AI에게 명령하는 법

인공지능, 특히 생성형 AI는 마치 마법 상자와 같습니다. 하지만 이 마법 상자를 열어 원하는 결과물을 얻기 위해서는 올바른 '주문'을 외워야 합니다. 그 주문이 바로 '프롬프트(Prompt)'입니다. 프롬프트는 AI에게 어떤 작업을 수행하고, 어떤 결과물을 내놓을지 지시하는 명령문이자 AI와의 대화를 시작하는 열쇠입니다. AI 시대의 핵심 역량 중 하나는 바로 이 프롬프트를 효과적으로 작성하는 '프롬프트 엔지니어링(Prompt Engineering)' 능력입니다.

이 챕터에서는 프롬프트의 중요성을 이해하고, 명확하고 효과적인 프롬프트를 작성하는 구체적인 기술과 공식을 배울 것입니다.

프롬프트란? AI와의 대화를 시작하는 열쇠

프롬프트란? AI와의 대화를 시작하는 열쇠

프롬프트는 인공지능 모델에게 특정 작업을 요청하거나 질문을 던질 때 입력하는 텍스트 명령문을 의미합니다. 이는 AI와 소통하는 유일한 창구이자, AI의 성능을 좌우하는 가장 중요한 요소입니다. 프롬

Ch 4. 프롬프트의 예술 - AI에게 명령하는 법

프트의 질이 AI가 생성하는 결과물의 질을 결정합니다.

예를 들어, 당신이 화가에게 그림을 그려달라고 요청할 때 "아무거나 그려주세요"라고 말하는 것과 "따뜻한 색감으로, 인상주의 화풍에, 숲 속에서 뛰노는 아이들의 모습을 그려주세요. 아이들의 표정은 행복하게, 빛은 나무 사이로 스며드는 느낌으로 부탁드립니다"라고 구체적으로 요청하는 것 사이에는 엄청난 차이가 있습니다. AI와의 대화도 마찬가지입니다. 모호하고 불분명한 프롬프트는 AI에게 혼란을 주어 일반적이거나 원하지 않는 결과물을 내놓게 합니다. 반면, 명확하고 구체적인 프롬프트는 AI가 당신의 의도를 정확히 파악하고 고품질의 맞춤형 결과물을 생성하도록 이끌어줍니다.

프롬프트는 단순한 질문을 넘어, AI에게 역할을 부여하고, 목표를 설정하며, 특정 상황과 제약 조건을 제시하고, 원하는 결과물의 형식까지 지정하는 종합적인 지시문의 역할을 합니다. 따라서 프롬프트는 AI와의 '대화'이자, AI를 원하는 방향으로 이끄는 '조종간'이라고 할 수 있습니다.

명확한 지시와 모호한 지시의 결과 차이

프롬프트의 명확성은 AI 결과물의 품질에 직접적인 영향을 미칩니다. 같은 질문이라도 어떻게 프롬프트를 구성하느냐에 따라 전혀 다른 결과가 나올 수 있습니다.

명확한 지시와 모호한 지시의 결과 차이

모호한 지시의 예시

- **프롬프트** "보고서 써줘."
- **AI 반응** "어떤 종류의 보고서를 원하시나요? 주제는 무엇이며, 누구를 위한 보고서인가요? 길이와 형식은 어떻게 해야 할까요?" 또는 일반적인 보고서 개요만 제시하거나 매우 추상적인 답변을 내놓을 것입니다. AI는 당신의 의도를 정확히 알 수 없어 가장 일반적인 답변을 생성할 수밖에 없습니다.
- **결과** 당신이 기대한 결과와는 거리가 멀고, 결국 추가적인 질문과 지시를 여러 번 반복해야 합니다. 시간 낭비가 심하고 만족도가 낮습니다.

명확한 지시의 예시

- **프롬프트** "마케팅팀 팀장으로서, 신제품 '에코 스마트워치' 출시를 위한 내부용 보고서를 작성해줘. 보고서에는 제품의 핵심 기능, 경쟁사 분석, 타겟 고객층, 그리고 3개월간의 마케팅 전략(SNS 캠페인, 인플루언서 협업, 오프라인 프로모션 포함)이 포함되어야 해. 폰트 크기 12pt, 줄 간격 1.5로 A4 3장 분량으로 작성하고, 각 섹션은 소제목으로 구분해줘."
- **AI 반응** 위 프롬프트는 AI에게 ①역할(마케팅팀 팀장), ②목표(신제품 출시 내부 보고서), ③주제(에코 스마트워치), ④포함될 내용(핵심 기능, 경쟁사 분석, 타겟 고객, 마케팅 전략), ⑤상세 내용(SNS, 인플루언서, 오프라인), ⑥형식(폰트, 줄 간격, 분량, 소제목)을 명확하게 제시하고 있습니다. AI는 이 지시에 따라 매우 구체적이고 원하는 형식에 맞춰진 보고서 초안을 즉시 생성할 것입니다.

Ch 4. 프롬프트의 예술 - AI에게 명령하는 법

- **결과** 당신의 의도와 거의 일치하는 고품질의 보고서 초안을 얻을 수 있습니다. 필요한 경우 약간의 수정만 거치면 됩니다.

이처럼 명확한 프롬프트는 AI의 '의도 파악' 능력을 극대화하여 훨씬 더 효율적이고 만족스러운 결과물을 가져다줍니다.

프롬프트 공식: 역할 + 목표 + 상황 + 형식

효과적인 프롬프트 작성을 위한 보편적인 공식이 있습니다. 이 공식을 활용하면 어떤 종류의 AI에게도 명확하고 구체적인 지시를 내릴 수 있습니다.

프롬프트 공식

역할(Role) + 목표(Goal/Task) + 상황(Context/Constraint)
+ 형식(Format/Output)

1. 역할 (Role)

- AI에게 특정 '페르소나'를 부여하여 AI가 어떤 관점에서 답변해야 할지 정의합니다. 이는 AI의 답변 톤앤매너와 내용의 전문성을 크게 향상시킵니다.
  - "너는 이제 베테랑 카피라이터야."
  - "너는 꼼꼼한 역사학자야."

- "너는 어린아이 눈높이에 맞춰 설명해주는 친절한 선생님이야."
- "너는 비판적인 시각을 가진 컨설턴트야."

2. 목표 (Goal/Task)

- AI에게 '무엇을 할 것인가'를 명확하게 지시합니다. 가장 중요한 부분으로, AI가 수행해야 할 핵심 작업을 구체적으로 명시합니다.
- "다음 기사의 헤드라인을 5가지 제안해줘."
- "신규 프로젝트를 위한 기획안 초안을 작성해줘."
- "복잡한 과학 개념을 비유를 들어 설명해줘."
- "제시된 데이터에서 핵심 인사이트 3가지를 도출해줘."

3. 상황 (Context/Constraint)

- 작업이 이루어지는 배경, 조건, 제약 사항, 추가 정보 등을 제공하여 AI가 맥락을 이해하고 더 적절한 결과물을 생성하도록 돕습니다. 구체적인 정보가 많을수록 좋습니다.
- "이 기사는 20대 여성 직장인을 대상으로 하며, 긍정적이고 희망적인 메시지를 담아야 해."
- "기획안은 내부 검토용이며, 예산 제약이 심하다는 점을 고려해야 해."
- "설명할 개념은 '양자 얽힘'이고, 청중은 고등학생들이야."
- "데이터는 지난 3년간의 고객 구매 내역이며, 주로 구매 전환율 개선 방안을 찾아야 해."

Ch 4. 프롬프트의 예술 - AI에게 명령하는 법

4. 형식 (Format/Output)

· AI가 생성할 결과물의 형태, 길이, 톤앤매너 등을 지정하여 원하는 아웃풋을 얻도록 합니다. 구체적인 형식 지시가 없다면 AI는 임의의 형식으로 답변할 수 있습니다.

· "답변은 300자 내외로 작성하고, 핵심 문장을 볼드체로 표시해줘."

· "기획안은 표와 불릿 포인트(bullet points)를 활용하여 가독성 높게 구성해줘."

· "설명은 5분 분량의 발표 스크립트 형식으로 작성해줘."

· "결과는 JSON 형식으로 반환해줘." (기술적인 형식 지정)

종합적인 프롬프트 예시

"너는 이제 고객의 불만을 해결하는 데 탁월한 능력을 가진 베테랑 고객 서비스 매니저야. 고객이 '최근 주문한 제품이 불량인데, 교환 절차가 너무 복잡하고 상담원 연결도 어렵다'고 불만을 토로했어. 이 상황에서 고객의 감정을 위로하고, 문제를 신속하게 해결해 줄 수 있는 구체적인 안내 메시지를 작성해줘. 답변은 친절하고 공감하는 어조로 작성하고, 교환 절차를 단계별로 명확히 제시하며, 추가 문의 시 연락 가능한 채널(전화번호, 이메일 주소 포함)을 명시해줘. 메시지 길이는 500자 이내로 해줘."

프롬프트 공식: 역할 + 목표 + 상황 + 형식

이 프롬프트는 AI에게 역할, 목표, 상황, 형식을 모두 명확하게 제시하고 있습니다. 이처럼 프롬프트 작성을 '예술'의 경지로 끌어올리는 것은 AI 시대에 당신의 생산성과 창의성을 극대화하는 핵심 열쇠가 될 것입니다.

다음 챕터에서는 이렇게 얻은 AI의 답변을 100% 활용하는 기술에 대해 알아보겠습니다.

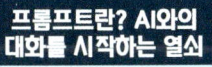

Ch 5. AI의 답변을 100% 활용하는 법

Ch 5.
AI의 답변을 100% 활용하는 법

AI에게 아무리 완벽한 프롬프트를 제공하더라도, AI의 첫 번째 답변이 항상 최종 결과물이 되는 것은 아닙니다. 때로는 추가적인 질문을 통해 답변을 다듬고, 사실 관계를 확인하며, 더 나은 결과물을 도출해야 합니다. AI의 답변을 100% 활용한다는 것은 단순히 AI가 준 정보를 그대로 사용하는 것을 넘어, AI의 잠재력을 최대한 끌어내고 그 한계를 보완하여 최적의 결과물을 만들어내는 능력을 의미합니다.

이 챕터에서는 AI 응답의 정확도를 높이는 질문 기술, 팩트체크의 중요성, 그리고 AI 응답을 개선하는 후속 질문 패턴에 대해 상세히 다룰 것입니다.

AI 응답을 더 정확하게 만드는 질문 기술

AI 응답을 더 정확하게 만드는 질문 기술

AI는 질문의 의도를 명확하게 이해할수록 더 정확하고 유용한 답변을 제공합니다. 따라서 첫 프롬프트뿐만 아니라, AI의 답변을 받은 후에도 이를 개선하기 위한 '질문 기술'이 중요합니다.

Ch 5. AI의 답변을 100% 활용하는 법

구체적인 정보 요청

· AI의 답변이 너무 일반적이거나 추상적일 때, 특정 데이터, 통계, 사례, 출처 등을 요청하여 구체성을 높일 수 있습니다.

· **예시** AI가 "성공적인 마케팅 전략은 고객 중심이어야 합니다."라고 답변했다면, "고객 중심 마케팅 전략의 구체적인 성공 사례를 3가지 들어줄 수 있을까? 각 사례에 대한 핵심 지표도 함께 알려줘."라고 질문하여 답변을 구체화할 수 있습니다.

가정 및 시나리오 제시

· 특정 상황이나 가정을 제시하여 AI가 해당 조건에 맞춰 답변하도록 유도합니다. 이는 실제 문제 해결에 AI를 적용할 때 유용합니다.

· **예시** AI가 일반적인 생산성 향상 방안을 제시했다면, "만약 내가 재택근무를 하는 프리랜서라면, 생산성을 높이기 위한 어떤 도구와 습관을 추천할까? 특히 시간 관리에 초점을 맞춰줘."라고 질문하여 특정 시나리오에 맞는 맞춤형 답변을 얻을 수 있습니다.

반대 의견 또는 비판적 관점 요청

· AI는 일반적으로 주어진 질문에 대해 긍정적이거나 일반적인 답변을 생성하는 경향이 있습니다. 이때 반대 의견이나 비판적인 관점을 요청하여 균형 잡힌 시각을 얻을 수 있습니다.

· **예시** AI가 특정 기술의 장점만 나열했다면, "이 기술의 잠재적인

단계적 검증: AI 결과물 팩트체크하기

단점이나 위험 요소는 무엇일까? 특히 보안 취약성이나 윤리적 문제에 대해 자세히 설명해줘." 라고 물어봄으로써 의사결정에 필요한 다각적인 정보를 얻을 수 있습니다.

역할 재부여 및 관점 전환

- AI에게 다른 역할을 부여하여 새로운 관점에서 답변하도록 유도합니다.
- **예시** AI가 기업의 입장에서 답변했다면, "이번에는 소비자의 입장에서 이 제품의 장단점을 평가해줄 수 있을까?"라고 질문하여 소비자의 시각에서 피드백을 얻을 수 있습니다. "너는 이제 투자 자문가야. 이 회사의 사업 계획에 대해 어떤 부분이 부족하다고 생각해?"와 같이 특정 전문가의 관점을 요청할 수도 있습니다.

단계적 검증: AI 결과물 팩트체크하기

생성형 AI는 앞서 언급했듯이 '환각' 현상으로 인해 사실이 아닌 정보를 그럴듯하게 생성할 수 있습니다. 따라서 AI가 생성한 결과물을 맹목적으로 신뢰해서는 안 되며, 반드시 단계적 검증(Fact-Checking) 과정을 거쳐야 합니다. 특히 중요한 정보나 의사결정에 영향을 미치는 내용이라면 더욱 철저한 검증이 필요합니다.

Ch 5. AI의 답변을 100% 활용하는 법

1. 출처 확인

- AI가 특정 사실이나 통계를 제시했다면, 그 출처가 어디인지 명확히 요청하고 직접 확인해야 합니다. AI는 종종 '출처가 없는' 정보나 '가상의 출처'를 생성하기도 합니다.
- **예시** AI가 "최근 연구에 따르면, 하루 7시간 수면이 생산성 향상에 가장 좋습니다."라고 답변했다면, "어떤 연구에서 나온 결과인지 출처를 알려줄 수 있을까? 연구명과 발행 연도를 함께 알려줘."라고 물어보고, 직접 해당 연구를 검색하여 내용을 확인하는 것이 중요합니다.

2. 교차 검증 (Cross-Verification)

- AI가 제공한 정보를 다른 독립적인 정보원(예: 신뢰할 수 있는 언론, 학술지, 공식 통계 기관, 전문가 의견)과 비교하여 확인합니다. 최소 2~3개 이상의 다른 출처에서 같은 정보가 확인될 때 신뢰도를 높일 수 있습니다.
- **예시** AI가 특정 법률 조항이나 역사적 사실에 대해 설명했다면, 법제처 웹사이트, 공식 역사 기록, 관련 전문가의 논문 등을 통해 해당 정보가 정확한지 확인해야 합니다.

3. 상식적 판단 및 논리적 오류 검토

- AI의 답변이 상식적으로 말이 되는지, 논리적인 모순은 없는지 인간의 비판적인 사고를 통해 검토합니다. AI는 문맥적으로 그럴듯하지만, 실제로는 비논리적인 내용을 생성할 때도 있습니다.
- **예시** AI가 특정 사건의 연도를 잘못 기재했거나, 원인과 결과가 뒤바뀐 설명을 제공할 수 있습니다. 이럴 때 인간의 상식과 논리적 추론 능력을 활용하여 오류를 감지하고 수정해야 합니다.

4. 전문가 자문

- 중요하거나 전문적인 내용을 다룰 때는 해당 분야의 전문가에게 AI의 답변을 검토해달라고 요청하는 것이 가장 확실한 방법입니다. AI는 전문 지식을 학습하지만, 인간 전문가의 심층적인 이해와 경험을 대체할 수는 없습니다.

AI 응답을 개선하는 후속 질문 패턴

AI의 첫 번째 답변이 만족스럽지 않거나, 더 나은 결과물을 얻고 싶을 때 사용할 수 있는 효과적인 후속 질문 패턴들이 있습니다. 이러한 질문들은 AI와의 대화를 지속적으로 개선하여 최적의 결과물을 도출하는 데 도움을 줍니다.

Ch 5. AI의 답변을 100% 활용하는 법

'더 자세히 설명해줘' 패턴 (Elaboration)
• AI의 답변이 너무 간략하거나 표면적일 때 사용합니다. 특정 개념, 과정, 이유 등에 대해 깊이 있는 설명을 요청합니다.

"생성형 AI의 활용 분야를 알려줘."
▼
"각 활용 분야에 대해 구체적인 기업 사례나
서비스 예시를 들어 설명해줘."

'다른 관점에서 제시해줘' 패턴 (Alternative Perspectives)
• 동일한 주제에 대해 다양한 관점이나 대안을 요청하여 사고의 폭을 넓힙니다.

"이 마케팅 전략의 장점은 무엇일까?"
▼
"그럼 이 전략의 단점이나 보완해야 할 점은 없을까?
다른 관점에서 비판적으로 검토해줘."

'다른 형식으로 바꿔줘' 패턴 (Format Transformation)
• AI가 생성한 내용을 다른 형식으로 변환하여 활용도를 높입니다.

"새로운 제품에 대한 SNS 보도자료를 작성해줘."
▼
"이 내용을 SNS 게시물 형태로 짧게 요약해주고,
해시태그도 추천해줘."

AI 응답을 개선하는 후속 질문 패턴

'예시를 들어줘' 패턴 (Provide Examples)
- 추상적인 개념이나 원리에 대해 구체적인 사례를 요청하여 이해를 돕습니다.

"생성형 AI의 활용 분야를 알려줘."
▼
"각 활용 분야에 대해 구체적인 기업 사례나 서비스 예시를 들어 설명해줘."

'수정 및 보완 요청' 패턴 (Revision and Refinement)
- 특정 부분을 수정하거나 추가적인 정보를 보완하도록 지시합니다.

"보고서 초안을 작성해줘."
▼
"3페이지에 있는 '시장 전망' 부분에 최신 데이터 2가지를 추가하고, 분석 내용을 더 심층적으로 보완해줘."

'비교 분석 요청' 패턴 (Comparative Analysis)
- 두 가지 이상의 대상을 비교하고 대조하여 AI가 분석적인 통찰을 제공하도록 유도합니다.

"온라인 강의와 오프라인 강의의 장단점을 비교 분석해줘."
▼
"그럼 이 두 가지 방식 중 20대 직장인에게 더 효율적인 학습법은 무엇인지 너의 의견을 제시해줘."

Ch 5. AI의 답변을 100% 활용하는 법

　이러한 질문 기술과 검증 과정을 통해 AI는 단순한 답변기가 아니라, 당신의 생각과 작업을 고도화하는 강력한 협력자로 거듭날 수 있습니다. AI를 100% 활용하는 것은 곧 AI의 한계를 인지하고 인간의 지혜로 이를 보완하며 시너지를 창출하는 과정입니다. 다음 챕터에서는 이러한 AI 활용법을 당신의 일상에 바로 적용하는 구체적인 노하우를 배울 것입니다.

AI 응답을 개선하는 후속 질문 패턴

AI의 답변을 100% 활용하는 방법은?

AI 응답을 더 정확하게 만드는 질문 기술
- 구체적인 정보 요청
- 반대 의견 요청
- 가정 및 시나리오 제시
- 역할 재부여/관점 전환

단계적 검증: AI 결과물 팩트체크하기
- 출처 확인 필수
- 교차 검증 수행
- 상식적 판단/논리 검토
- 전문가 자문 활용

요약: AI 답변은 팩트체크 필수! 구체적 후속 질문으로 정확도를 높이고 개선하세요.

AI 응답을 개선하는 후속 질문 패턴
- 더 자세히 설명해줘
- 다른 관점 제시해줘
- 다른 형식 바꿔줘
- 예시를 들어줘
- 수정 및 보완 요청
- 비교 분석 요청

Ch 6.
일상에 바로 적용하는
AI 활용법

　AI를 단순히 '미래 기술'이나 '어려운 도구'로만 여기는 대신, 지금 당장 당신의 일상과 업무에 적용하여 생산성을 높이고 삶의 질을 개선할 수 있습니다. 이 챕터에서는 AI를 활용하여 시간을 절약하고, 아이디어를 확장하며, 학습 효율을 극대화하는 실질적인 방법을 소개할 것입니다.

　이 챕터의 내용은 특정 AI 도구에 국한되지 않고, 현재 사용 가능한 다양한 생성형 AI 모델(예: 챗GPT, Gemini, Claude 등)에 공통적으로 적용될 수 있는 활용 팁을 제공합니다.

시간 절약: 이메일, 보고서, 요약 자동화하기

시간 절약: 이메일, 보고서, 요약 자동화하기

반복적이고 시간이 많이 소요되는 작업에 AI를 활용하면 놀랍도록 많은 시간을 절약할 수 있습니다. AI는 특히 텍스트 기반의 업무에서 탁월한 효율성을 보여줍니다.

Ch 6. 일상에 바로 적용하는 AI 활용법

이메일 작성 및 답장 자동화

· 업무 이메일, 회신 이메일, 고객 문의 응대 등 정형화된 이메일 작성에 AI를 활용할 수 있습니다. AI는 주어진 키워드나 몇 가지 문장만으로 비즈니스 매너에 맞는 완벽한 이메일을 생성하거나, 수신된 이메일의 핵심 내용을 파악하여 회신 초안을 작성해줍니다.

· **효과** 반복적인 이메일 작성에 소요되는 시간을 획기적으로 줄이고, 놓치기 쉬운 비즈니스 매너나 필수 정보 포함 여부를 AI가 챙겨줌으로써 커뮤니케이션의 질을 높일 수 있습니다.

예시 프롬프트

"새로운 프로젝트 제안서 초안을 팀원들에게 보내는 이메일을 작성해줘. 프로젝트명은 '스마트 오피스 솔루션'이고, 주 내용은 효율적인 업무 환경 구축과 비용 절감 효과임을 강조해줘. 회신 기한은 다음 주 금요일로 명시해줘."

"고객 불만 이메일(내용 첨부)에 대한 답장을 작성해줘. 우선 공감의 메시지를 전달하고, 문제 해결을 위한 단계별 절차(환불/교환 안내)를 명확히 제시해줘. 고객이 다음 단계로 넘어갈 수 있도록 구체적인 연락처도 포함해줘."

보고서 초안 작성 및 문서 자동화

· 회의록, 주간/월간 보고서, 제안서, 기획서 등 다양한 비즈니스 문서의 초안을 AI의 도움으로 빠르게 만들 수 있습니다. AI는 핵심 내용을 파악하여 논리적인 구조를 갖춘 문서를 생성하며, 필요한 경우 통계 자료나 관련 정보 검색까지 수행할 수 있습니다.

시간 절약: 이메일, 보고서, 요약 자동화하기

- **효과** 백지 상태에서 시작하는 막막함을 줄이고, 문서 작성 시간을 단축하며, 기본적인 구조와 내용의 품질을 확보할 수 있습니다. 초안을 바탕으로 인간이 세부 내용을 보완하고 전문성을 더하면 됩니다.

    예시 프롬프트
    "지난주 영업 회의록을 바탕으로 주간 영업 보고서 초안을 작성해줘. 보고서에는 주요 안건, 논의 내용, 결정 사항, 다음 주 액션 플랜이 포함되어야 해. 특히 '고객 데이터 분석을 통한 잠재 고객 발굴' 섹션을 강조해줘."
    "새로운 온라인 마케팅 전략 제안서의 개요를 작성해줘. 타겟은 20대 여성이며, SNS 마케팅, 인플루언서 협업, 라이브 커머스 활용 방안을 포함해줘."

장문 텍스트 요약 및 핵심 추출

- 긴 기사, 논문, 회의록, 책 내용을 빠르게 파악해야 할 때 AI는 탁월한 요약 능력을 발휘합니다. AI는 텍스트의 핵심 내용을 정확하게 파악하여 필요한 정보만 추출해주거나, 지정된 분량으로 요약해줍니다.
- **효과** 정보 과부하 시대에 필수적인 정보 습득 능력을 향상시키고, 방대한 자료를 빠르게 파악하여 의사결정을 돕습니다. 긴 내용을 빠르게 이해해야 할 때 큰 도움이 됩니다.

    예시 프롬프트
    "다음 기사(링크 또는 텍스트 첨부)의 핵심 내용을 300자 내외로 요약해줘."
    "이 회의록에서 다음 회의 때 논의해야 할 3가지 주요 안건을 요약하고, 각 안건별 담당자를 명시해줘."

Ch 6. 일상에 바로 적용하는 AI 활용법

아이디어 폭발: 브레인스토밍과 창의성 향상

AI는 단순히 정보 검색을 넘어, 당신의 창의성을 자극하고 새로운 아이디어를 제안하는 강력한 브레인스토밍 파트너가 될 수 있습니다. 혼자서는 생각하기 어려운 다양한 관점과 가능성을 AI를 통해 탐색할 수 있습니다.

아이디어 생성 및 확장

- 신제품 아이디어, 마케팅 캠페인 아이디어, 콘텐츠 기획, 문제 해결 방안 등 다양한 주제에 대해 AI에게 아이디어를 요청하고, 이를 발전시키는 과정에 활용합니다.
- **효과** 초기 아이디어 발상 단계에서 막막함을 해소하고, 다양하고 참신한 아이디어의 풀을 넓혀줍니다. AI가 제시한 아이디어를 바탕으로 인간이 더욱 고도화된 아이디어를 창출할 수 있습니다.

예시 프롬프트

"MZ세대를 타겟으로 하는 친환경 카페의 새로운 메뉴 아이디어를 10가지 제안해줘. 각 메뉴에는 특징과 주재료를 포함해줘."
"어린이 대상 코딩 교육 프로그램의 홍보 슬로건 5가지와, 각 슬로건에 어울리는 짧은 광고 문구를 만들어줘."

다양한 관점 탐색 및 비판적 사고 촉진

- 특정 주제에 대해 AI에게 다양한 관점이나 논쟁거리를 요청하여 비판적 사고를 훈련하거나, 미처 생각지 못했던 부분을 발견하는 데 사용합니다.

아이디어 폭발: 브레인스토밍과 창의성 향상

- **효과** 한 가지 주제에 대해 다각적인 시각을 습득하고, 편향된 사고를 방지하며, 문제 해결을 위한 심층적인 통찰력을 기르는 데 도움을 줍니다.

    예시 프롬프트
    "스마트폰의 과도한 사용이 청소년에게 미치는 긍정적 영향과 부정적 영향을 각각 3가지씩 제시해줘."
    "원격 근무의 장점과 단점을 각각 세일즈 담당자와 인사 담당자의 관점에서 설명해줘."

스토리텔링 및 콘텐츠 기획

- 블로그 게시물, 유튜브 스크립트, 소셜 미디어 콘텐츠 등 스토리가 필요한 콘텐츠 기획에 AI를 활용합니다. AI는 매력적인 서론, 본론, 결론을 구성하거나, 특정 테마에 맞는 이야기를 만들어냅니다.

- **효과** 콘텐츠 기획의 초기 단계를 가속화하고, 창작에 대한 부담감을 줄여주며, 이야기의 흐름과 구성에 대한 아이디어를 얻을 수 있습니다.

    예시 프롬프트
    "유튜브 vlog의 스크립트 초안을 작성해줘. 주제는 '혼자 떠나는 제주도 맛집 탐방'이고, 발랄하고 유쾌한 분위기로 진행해줘."
    "어린이 동화책 '구름이의 모험'의 이야기를 300자 내외로 써줘. 주인공 구름이가 새로운 친구를 만나는 내용으로 시작해줘."

Ch 6. 일상에 바로 적용하는 AI 활용법

학습 가속: AI를 개인 튜터로 활용하기

AI는 당신의 개인 학습 능력과 속도를 비약적으로 향상시킬 수 있는 훌륭한 튜터가 될 수 있습니다. 복잡한 개념을 이해하고, 외국어 학습을 돕고, 시험을 준비하는 등 다양한 학습 상황에서 AI를 활용할 수 있습니다.

복잡한 개념 쉽게 설명하기

- 어렵고 복잡한 전문 용어나 개념을 AI에게 쉽게 설명해달라고 요청하여 이해를 돕습니다. 비유나 쉬운 예시를 들어 설명해달라고 요청할 수 있습니다.
- **효과** 난해한 개념에 대한 진입 장벽을 낮추고, 핵심을 빠르게 파악하여 학습 효율을 높일 수 있습니다.

예시 프롬프트
"'블록체인' 기술을 초등학생도 이해할 수 있도록 쉬운 비유를 들어 설명해줘."
"경제학의 '수요와 공급' 원리를 카페의 커피 판매를 예시로 들어 설명해줘."

외국어 학습 보조

- AI를 활용하여 외국어 단어의 의미, 문법 설명, 예문 작성, 작문 첨삭 등을 요청하여 외국어 학습의 효율을 높일 수 있습니다.
- **효과** 개인 교사처럼 맞춤형 학습 피드백을 제공받고, 부족한 부분을 집중적으로 보완하여 외국어 실력 향상을 가속화할 수 있습니다.

예시 프롬프트

"영어 단어 'serendipity'의 정확한 의미와 함께, 이 단어를 활용한 예문 3개를 만들어줘."

"내 영어 작문(텍스트 첨부)에서 문법 오류를 찾아내고, 더 자연스러운 표현으로 수정해줘."

시험 대비 및 문제 풀이

· 특정 주제에 대한 예상 문제를 생성하거나, 복잡한 문제의 풀이 과정을 단계별로 설명해달라고 요청하여 시험 대비에 활용할 수 있습니다.

· **효과** 자기 주도 학습을 효과적으로 지원하고, 취약점을 파악하며, 학습 내용을 복습하고 강화하는 데 도움을 줍니다.

예시 프롬프트

"다음 수학 문제(사진 또는 텍스트 첨부)의 풀이 과정을 단계별로 자세히 설명해줘."

"정보처리기사 실기 시험 대비로 '데이터베이스 정규화'에 대한 개념을 설명하고, 예상 문제 2가지를 출제해줘."

Ch 6. 일상에 바로 적용하는 AI 활용법

 이처럼 AI는 단순한 유행이 아니라, 당신의 일상과 업무, 학습 전반에 걸쳐 생산성을 극대화하고 삶의 질을 높이는 강력한 도구입니다. 중요한 것은 AI를 어떻게 활용할지 당신의 필요에 맞춰 적극적으로 시도해보는 것입니다.

 다음 제3부에서는 이러한 AI 활용 능력을 바탕으로 AI 시대의 승자가 되기 위한 더 큰 그림을 그릴 것입니다.

학습 가속: AI를 개인 튜터로 활용하기

3부

AI 시대의
승자되기

"AI는 제조, 농업, 의료 등
지구상의 모든 산업에 영향을 미칠 것입니다."

- 페이 페이 리 (Fei-Fei Li)

Ch 7. AI와 함께 성장하는 직업의 미래

Ch 7.
AI와 함께 성장하는 직업의 미래

인공지능의 발전은 우리가 알고 있던 직업의 개념을 근본적으로 변화시키고 있습니다. 어떤 직업은 사라지고, 어떤 직업은 새롭게 탄생하며, 대부분의 직업은 AI와 협업하는 방식으로 진화할 것입니다. 이 변화의 물결 속에서 불안감을 느끼는 대신, AI를 이해하고 활용하는 능력을 키워 미래 직업 시장에서 당신의 경쟁력을 높이는 것이 중요합니다.

이 챕터에서는 AI 시대의 직업 지형도를 예측하고, AI가 변화시킬 주요 산업 트렌드를 분석하며, AI가 대체할 수 없는 인간 고유의 능력을 재발견함으로써 당신이 AI와 함께 성장하는 승자가 될 수 있는 길을 제시할 것입니다.

사라질 직업 vs 번창할 직업: AI 시대의 직업 지형도

사라질 직업 vs 번창할 직업: AI 시대의 직업 지형도

　AI는 반복적이고 예측 가능한 작업을 자동화하는 데 탁월합니다. 따라서 이러한 특성을 가진 직업들은 AI에 의해 상당 부분 대체되거나 그 역할이 축소될 가능성이 높습니다. 반면, 인간 고유의 특성을

Ch 7. AI와 함께 성장하는 직업의 미래

요구하는 직업들은 AI의 도움을 받아 더욱 번창할 것입니다.

사라질 가능성이 높은 직업

- **반복적이고 정형화된 데이터 입력 및 처리 업무** 경리, 데이터 엔트리 전문가, 일부 사무 보조 업무 등은 AI 기반 RPA(로봇 프로세스 자동화) 솔루션에 의해 자동화될 가능성이 큽니다.

- **단순 계산 및 재무 처리 업무** 은행 창구 직원, 세무 보조원 등은 AI가 빅데이터를 기반으로 더 빠르고 정확하게 처리할 수 있게 됩니다.
- **일부 콜센터 상담원** 기본적인 고객 문의 응대나 정보 제공은 AI 챗봇 및 음성 AI가 대체하며, 인간 상담원은 복잡하고 감정적인 문제 해결에 집중하게 될 것입니다.
- **단순 생산직 및 조립 업무** 로봇 및 자동화 시스템의 발달로 많은 제조업 분야에서 인간 노동력이 대체됩니다.
- **초급 번역가 및 콘텐츠 편집자** AI 번역기 및 생성형 AI의 발전으로 단순 번역이나 문법 교정 등의 업무는 AI가 훨씬 효율적으로 수행할 수 있게 됩니다. 인간 전문가는 고도의 문화적 맥락이나 창의적 번역, 전문 분야의 감수 역할에 집중할 것입니다.
- **택시/트럭 운전사** 자율주행 기술의 상용화는 운송업 분야에 큰 변화를 가져올 것입니다.

번창할 가능성이 높은 직업

- **AI 개발 및 관리 관련 직업** AI 엔지니어, 머신러닝 전문가, 데이터 과학자, 프롬프트 엔지니어, AI 윤리 전문가 등 AI 시스템을 개발, 유지보수, 최적화, 관리하는 직업군은 더욱 중요해질 것입니다.

- **고도의 창의성 및 전략적 사고를 요구하는 직업** 예술가, 디자이너, 연구원, 전략 기획자, 마케터, 비즈니스 컨설턴트 등은 AI를 도구로 활용하여 더욱 혁신적인 결과물을 만들고 차별화된 가치를 창출할 것입니다.

- **인간적인 소통 및 공감이 필요한 직업** 심리 상담사, 사회복지사, 의료인(의사, 간호사), 교사 등은 AI가 대체할 수 없는 인간 고유의 감성적 지능과 공감 능력을 바탕으로 더욱 중요해질 것입니다. AI는 이들의 업무 부담을 줄여주고 더 많은 환자/학생/내담자에게 집중할 수 있도록 도울 것입니다.

- **복합적인 문제 해결 및 의사결정 직업** 변호사, 경영자, 정책 입안자 등은 AI가 제공하는 방대한 데이터 분석과 예측을 바탕으로 더 현명하고 신속한 의사결정을 내릴 수 있게 됩니다.

- **AI-인간 협업 전문가** AI 시스템과 인간 직원이 효율적으로 협업할 수 있도록 중간에서 조율하고 최적의 워크플로우를 설계하는 역할이 중요해질 것입니다.

- **교육 및 훈련 전문가** AI 기술의 빠른 발전에 맞춰 끊임없이 새로운 지식을 습득하고 다른 사람들을 교육하는 역할이 더욱 중요해질 것입니다.

Ch 7. AI와 함께 성장하는 직업의 미래

직업의 변신: AI가 변화시킬 10대 산업 트렌드

AI는 특정 직업군을 넘어 산업 전반의 구조와 작동 방식을 변화시키고 있습니다. 다음은 특히 큰 영향을 미칠 10대 산업 트렌드입니다.

1. 제조업 스마트 팩토리, 예측 유지보수, AI 기반 품질 검사, 로봇 자동화를 통해 생산 효율 및 품질 향상.

2. 의료 및 헬스케어 AI 기반 진단 보조, 신약 개발 가속화, 맞춤형 치료법 제안, AI 챗봇을 통한 환자 관리 및 상담.

3. 금융 AI 기반 투자 자문, 사기 탐지, 신용 평가 모델 고도화, 개인 맞춤형 금융 상품 추천.

4. 교육 AI 튜터, 맞춤형 학습 콘텐츠 제공, 학생의 학습 패턴 분석 및 진도 관리, 온라인 교육 플랫폼 고도화.

5. 유통 및 전자상거래 개인화된 상품 추천, 재고 관리 최적화, 고객 서비스 챗봇, 물류 자동화.

6. 미디어 및 엔터테인먼트 AI 기반 콘텐츠 제작(음악, 영상, 스토리), 개인 맞춤형 콘텐츠 큐레이션, AI 아나운서/가상 인간 활용.

7. 교통 및 물류 자율주행차, 드론 배송, 최적 경로 분석, 창고 자동화, 스마트 물류 시스템.

8. 농업 스마트 농업(AI 기반 작물 생장 모니터링, 해충 감지, 물/비료 자동 조절), 수확 로봇.

9. 법률 AI 기반 법률 문서 분석 및 요약, 판례 검색 및 예측, 계약서 검토 자동화.

10. 고객 서비스 AI 챗봇 및 음성 비서의 1차 응대, 감성 분석을 통한 고객 맞춤형 서비스 제공, 상담원 업무 효율화.

미래 경쟁력: AI가 대체할 수 없는 인간 고유의 능력

 이처럼 AI는 모든 산업 분야에 걸쳐 기존의 비즈니스 모델을 재정의하고 새로운 가치를 창출하고 있습니다. 기업들은 AI를 통해 비용을 절감하고 효율성을 높이며, 소비자에게는 더욱 개인화되고 편리한 서비스를 제공할 수 있게 됩니다.

미래 경쟁력: AI가 대체할 수 없는 인간 고유의 능력

 AI 시대에 우리는 어떤 능력을 길러야 할까요? AI가 아무리 발전해도 쉽게 대체할 수 없는 인간 고유의 능력이 바로 미래 경쟁력의 핵심입니다.

비판적 사고 및 문제 해결 능력

 AI는 데이터를 분석하여 패턴을 찾고, 학습된 규칙에 따라 답을 제시합니다. 하지만 복잡하고 불확실한 상황에서 데이터만으로는 해결할 수 없는 '정의되지 않은 문제'를 파악하고, 여러 관점에서 비판적으로 분석하며, 창의적인 해결책을 모색하는 능력은 인간 고유의 영역입니다. AI가 내놓은 정보와 분석 결과를 맹신하지 않고, 그 이면의 의미를 파악하고, 논리적 오류를 찾아내며, 다양한 대안을 종합하여

Ch 7. AI와 함께 성장하는 직업의 미래

최적의 결정을 내리는 비판적 사고는 AI 시대를 살아가는 데 필수적입니다.

창의적 사고 및 혁신 능력

AI는 기존 데이터의 조합을 통해 '새로운' 것을 생성할 수 있지만, 이는 학습된 패턴 내에서의 재조합입니다. 완전히 새로운 아이디어, 예술적 영감, 기존의 틀을 깨는 혁신적인 개념을 창조하는 능력은 여전히 인간의 고유한 영역입니다. AI는 창의적인 작업을 위한 도구이자 영감의 원천이 될 수 있지만, 진정한 혁신은 인간의 상상력과 통찰력에서 비롯됩니다. '0'에서 '1'을 만들어내는 능력은 인간의 몫입니다.

공감 능력 및 사회적 지능

AI는 인간의 감정을 '인지'하거나 '모방'할 수 있지만, 진정으로 감정을 느끼고 타인의 감정에 공감하며 복잡한 사회적 상호작용의 미묘한 뉘앙스를 이해하는 것은 불가능합니다. 갈등 해결, 팀워크, 리더십, 고객과의 신뢰 구축, 동료와의 관계 형성 등 인간적인 유대와 소통이 필요한 모든 영역에서 공감 능력과 사회적 지능은 AI가 대체할 수 없는 핵심 역량입니다.

미래 경쟁력: AI가 대체할 수 없는 인간 고유의 능력

윤리적 판단 및 책임감

AI는 도덕적 가치관이 없으며, 오직 알고리즘에 따라 작동합니다. 생명 윤리, 사회 정의, 공정성 등 복잡한 윤리적 딜레마에 직면했을 때 책임감 있는 판단을 내리고 그 결과에 대한 책임을 지는 것은 인간만이 할 수 있는 역할입니다. AI 시스템의 설계, 배포, 활용 과정에서 발생할 수 있는 윤리적 문제를 인지하고 해결하는 능력은 AI 시대의 시민으로서 반드시 갖춰야 할 역량입니다.

평생 학습 및 적응 능력

AI 기술은 전례 없는 속도로 발전하고 있습니다. 따라서 기존 지식에만 머무르지 않고, 새로운 기술과 지식을 끊임없이 학습하며 변화하는 환경에 유연하게 적응하는 능력이 중요해집니다. AI 자체를 배우는 것을 넘어, AI가 변화시키는 세상에 대한 이해를 바탕으로 스스로를 재정비하고 새로운 역량을 개발하는 평생 학습 마인드셋이 미래 경쟁력의 핵심입니다.

Ch 7. AI와 함께 성장하는 직업의 미래

AI는 결코 인간을 대체하는 존재가 아니라, 인간의 능력을 확장하고 보완하는 도구입니다. AI 시대를 이기는 가장 좋은 방법은 AI의 강점을 최대한 활용하되, AI가 대체할 수 없는 인간 고유의 능력을 갈고닦는 것입니다. 다음 챕터에서는 AI 시대에 필수적인 구체적인 디지털 역량에 대해 더 깊이 있게 다룰 것입니다.

미래 경쟁력: AI가 대체할 수 없는 인간 고유의 능력

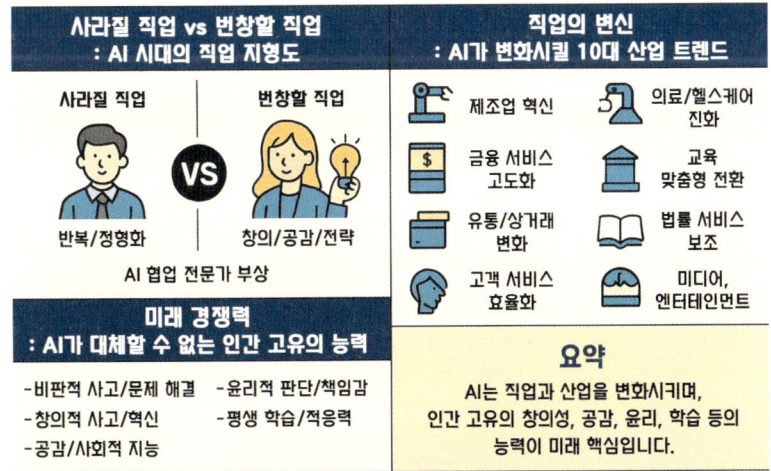

Ch 8. AI 시대에 필수적인 디지털 역량

Ch 8.
AI 시대에 필수적인 디지털 역량

AI 시대를 성공적으로 헤쳐나가기 위해서는 단순히 AI 기술을 사용하는 것을 넘어, 변화하는 디지털 환경에 대한 깊이 있는 이해와 유연한 적응 능력을 갖추는 것이 중요합니다. 이는 특정 직업군에만 해당하는 이야기가 아니라, 모든 현대인이 갖춰야 할 필수적인 '디지털 역량'입니다.

이 챕터에서는 AI 시대의 핵심 디지털 역량인 AI 리터러시, 디지털 협업 역량, 그리고 평생학습 마인드셋에 대해 구체적으로 살펴보고, 어떻게 이러한 역량들을 키워나갈 수 있는지 제시할 것입니다.

AI 리터러시: 비전문가도 갖춰야 할 기본 이해력

'AI 리터러시(AI Literacy)'는 AI를 전문가 수준으로 개발하는 능력을 의미하는 것이 아닙니다. 이는 AI가 무엇인지, 어떻게 작동하는지, 무엇을 할 수 있고 무엇을 할 수 없는지, 그리고 AI가 사회와 개인

Ch 8. AI 시대에 필수적인 디지털 역량

에게 미치는 영향은 무엇인지에 대한 기본적인 이해와 비판적 사고 능력을 의미합니다. 비전문가도 갖춰야 할 AI 리터러시는 다음을 포함합니다.

1. AI 개념 및 원리 이해

- AI, 머신러닝, 딥러닝, 생성형 AI와 같은 핵심 용어의 정의와 기본적인 작동 원리를 이해합니다. AI가 데이터를 기반으로 학습하고 예측, 생성하는 방식에 대한 개념을 갖춥니다.

- **예시** "챗GPT가 어떻게 답변을 생성하는 건가요?"라는 질문에 대해 '거대 언어 모델이 방대한 텍스트를 학습하여 다음 단어를 예측하고 문장을 생성하는 방식'임을 설명할 수 있는 수준의 이해를 갖추는 것입니다. AI가 질문에 대해 '생각'하는 것이 아니라, 통계적 확률에 기반하여 '최적의 답변'을 찾아낸다는 점을 인지하는 것이 중요합니다.

- **필요성** AI에 대한 막연한 환상이나 두려움을 없애고, AI의 강점과 한계를 명확히 인식하여 AI를 현명하게 활용하고 비판적으로 바라보는 토대가 됩니다.

2. AI 활용 능력 (프롬프트 엔지니어링)

- AI 도구를 자신의 목적에 맞게 효과적으로 사용할 수 있는 능력입니다. 특히 생성형 AI에 대한 '프롬프트 엔지니어링'은 AI와의 소통 능력을 극대화하는 핵심 역량입니다.

AI 리터러시: 비전문가도 갖춰야 할 기본 이해력

· **예시** 특정 보고서 초안 작성을 위해 AI에게 '역할 + 목표 + 상황 + 형식'에 맞춰 구체적인 프롬프트를 작성하여 만족스러운 결과물을 얻거나, 이미지 생성 AI에게 원하는 이미지를 얻기 위해 상세한 설명을 입력하는 능력입니다. 단순한 질문을 넘어, AI의 성능을 최대로 끌어낼 수 있는 지시를 내리는 것이 중요합니다.

· **필요성** AI를 통해 개인의 생산성을 극대화하고, 업무 효율을 높이며, 창의적인 결과물을 만들어내는 데 필수적인 실질적인 기술입니다.

3. AI의 한계 및 윤리적 문제 인식

· AI의 '환각' 현상, 학습 데이터의 '편향', '개인정보 침해', '저작권 문제', '일자리 대체' 등 AI가 야기할 수 있는 잠재적 문제점과 윤리적 딜레마를 이해하고, 이에 대한 비판적인 관점을 갖춥니다.

· **예시** AI가 생성한 뉴스 기사나 법률 자문을 맹목적으로 신뢰하지 않고, 반드시 팩트체크를 거치는 습관을 들이는 것입니다. 또는 AI가 특정 집단에 대한 편향적인 답변을 내놓았을 때, 그 원인이 무엇일지 생각하고 이를 비판적으로 받아들일 수 있는 태도를 갖추는 것입니다.

· **필요성** AI를 책임감 있게 사용하고, AI가 사회에 미칠 부정적인 영향을 최소화하며, AI 기술의 발전에 대한 건전한 논의에 참여할 수 있는 시민의식을 함양하는 데 기여합니다.

Ch 8. AI 시대에 필수적인 디지털 역량

디지털 협업 역량: AI와 사람, 사람과 사람 사이의 소통

AI 시대에는 단순히 AI를 잘 사용하는 것을 넘어, AI와 인간이 함께 시너지를 낼 수 있도록 효과적으로 협업하는 능력이 중요합니다. 또한, AI 기술을 활용하여 원활한 '사람과 사람' 사이의 디지털 협업을 이끌어내는 것도 핵심 역량입니다.

인간-AI 협업 (Human-AI Collaboration)

· AI의 강점을 파악하여 반복적이고 분석적인 작업은 AI에 맡기고, 인간의 창의성, 공감 능력, 비판적 사고, 윤리적 판단이 필요한 영역은 인간이 담당하여 최적의 시너지를 내는 능력입니다. AI는 도구이자 조력자임을 인지하고, 인간의 주도적인 역할을 강조합니다.

· **예시** AI가 보고서 초안을 작성하면 인간은 그 내용을 검토하고 부족한 부분을 보완하며, 핵심 메시지를 다듬는 방식으로 협업하는 것입니다. AI가 복잡한 데이터를 분석하여 인사이트를 제공하면, 인간은 그 인사이트를 바탕으로 전략적인 의사결정을 내리는 데 활용합니다. 이는 인간의 시간과 노력을 절약하고, 생산성을 극대화하는 동시에, 더 높은 품질의 결과물을 만들어내는 방식입니다.

디지털 도구 활용 및 소통

· 화상 회의 시스템(Zoom, Google Meet), 프로젝트 관리 도구(Trello, Notion), 클라우드 기반 문서 공유 도구(Google Docs, MS 365) 등 다양한 디지털 협업 도구를 능숙하게 사용하고, 이를 통해 원격 환경에서도

디지털 협업 역량: AI와 사람, 사람과 사람 사이의 소통

팀원들과 효과적으로 소통하며 협업하는 능력입니다. AI 기반 협업 도구(예: AI 회의록 요약, AI 기반 팀원 추천)에 대한 이해도 포함됩니다.

• **예시** 팀원들과 비동기식으로 프로젝트 진행 상황을 공유하고 피드백을 주고받기 위해 노션(Notion)의 데이터베이스 기능을 활용하거나, 긴 회의 내용을 AI 요약 툴을 활용하여 핵심만 정리한 후 팀원들에게 공유하는 것입니다.

• **필요성** 현대 업무 환경은 원격 근무, 분산 팀 형태로 빠르게 변화하고 있으며, 이러한 환경에서 효율적으로 협업하고 생산성을 유지하는 데 필수적입니다.

데이터 기반 의사결정 (Data-Driven Decision Making)

 • AI가 제공하는 방대한 데이터를 분석하고, 그로부터 도출된 인사이트를 바탕으로 합리적인 의사결정을 내리는 능력입니다. 데이터의 신뢰성을 평가하고, 통계적 오류를 인지하며, 데이터를 맥락적으로 이해하는 것이 중요합니다.

• **예시** AI가 제시한 마케팅 캠페인 성과 데이터를 바탕으로 다음 캠페인의 예산을 조정하거나, AI가 분석한 고객 불만 데이터를 바탕으로 서비스 개선 방안을 도출하는 것입니다. AI가 '무엇'을 말하는지 넘어 '왜' 그러한 결과가 나왔는지를 이해하려 노력하고, 이를 바탕으로 더 나은 선택을 하는 능력입니다.

• **필요성** 복잡하고 불확실한 현대 사회에서 직관에만 의존하는 것

Ch 8. AI 시대에 필수적인 디지털 역량

이 아닌, 객관적인 데이터와 AI의 분석을 활용하여 성공적인 결과를 이끌어내는 데 필수적입니다.

평생학습 마인드셋: 계속 진화하는 기술 따라잡기

AI 기술은 매우 빠른 속도로 진화하고 있으며, 어제의 최신 기술이 오늘의 표준이 되고, 내일은 구식이 될 수 있습니다. 이러한 변화 속에서 뒤처지지 않고 경쟁력을 유지하기 위해서는 지속적으로 새로운 지식을 습득하고, 유연하게 사고하며, 변화에 기꺼이 적응하려는 '평생학습 마인드셋(Lifelong Learning Mindset)'이 무엇보다 중요합니다.

변화에 대한 개방적인 태도

- 새로운 기술이나 개념에 대해 거부감을 갖기보다, 호기심을 가지고 배우고 탐구하려는 개방적인 태도입니다. 기존의 방식이나 지식만이 옳다는 고정관념에서 벗어나, 새로운 가능성을 탐색하려는 의지입니다.

- **예시** "나는 기술에 약해"라고 단정 짓기보다, "AI를 배우면 내 업무에 어떻게 도움이 될까?"와 같이 긍정적이고 탐구적인 질문을 던지는 것입니다. 새로운 AI 도구가 등장했을 때 주저하지 않고 직접 사용해보는 용기도 포함됩니다.

- **필요성** 기술 변화의 속도가 빨라지는 시대에 새로운 기회를 포착하고, 개인의 성장 가능성을 확장하는 데 필수적인 심리적 기반입니다.

평생학습 마인드셋: 계속 진화하는 기술 따라잡기

자기 주도적 학습 능력

• 학교나 회사에서 제공하는 교육에만 의존하지 않고, 스스로 필요한 지식과 기술을 파악하여 온라인 강의, 서적, 커뮤니티, 뉴스레터 등 다양한 자원을 활용해 주도적으로 학습하는 능력입니다.

• **예시** 챗GPT를 사용하다가 '프롬프트 엔지니어링'이라는 개념을 알게 되었다면, 관련 온라인 강의를 찾아 수강하거나, 유튜브 튜토리얼을 보며 직접 실습해보는 것입니다. 새로운 AI 관련 아티클이나 연구 발표에 꾸준히 관심을 가지고 읽어보는 것도 포함됩니다.

• **필요성** 급변하는 기술 환경에서 항상 최신 정보를 유지하고, 개인의 경쟁력을 스스로 관리하며 발전시키는 데 핵심적인 능력입니다.

학습 민첩성 및 적응력 (Learning Agility & Adaptability)

• 빠르게 새로운 개념을 습득하고, 학습한 내용을 기존 지식과 연결하여 새로운 상황에 적용할 수 있는 능력입니다. 실패를 두려워하지 않고 배우고 개선하려는 의지 또한 중요합니다.

• **예시** 새로운 AI 모델이 출시되었을 때, 기존에 알고 있던 AI 모델의 지식과 비교하여 어떤 점이 달라졌고, 어떤 새로운 기능을 제공하는지 빠르게 파악하고 이를 활용하는 방법을 습득하는 것입니다.

• **필요성** 예측 불가능한 미래 사회에서 끊임없이 변화하고 발전해야 하는 개인의 생존 능력과 직결됩니다.

Ch 8. AI 시대에 필수적인 디지털 역량

   AI 시대의 디지털 역량은 단순히 기술적인 숙련도를 넘어, AI를 이해하고, 활용하며, AI와 함께 사회적 가치를 창출하고, 끊임없이 배우고 적응하려는 종합적인 태도와 능력을 의미합니다. 이러한 역량들을 길러나간다면 당신은 AI 시대를 두려워하는 것이 아니라, 오히려 그 변화를 주도하는 승자가 될 수 있습니다. 다음 챕터에서는 이러한 역량들을 바탕으로 AI를 활용해 개인 생산성을 폭발시키는 구체적인 방법에 대해 알아볼 것입니다.

평생학습 마인드셋: 계속 진화하는 기술 따라잡기

AI 리터러시
: 비전문가도 갖춰야 할 기본 이해력

- AI 개념/원리 이해
- AI 활용(프롬프트)
- AI 한계/윤리 인식

디지털 협업 역량
: AI-사람, 사람-사람 사이의 소통

- 인간과 AI 협업
- 디지털 도구 활용
- 데이터 기반 의사결정

평생학습 마인드셋
: 계속 진화하는 기술 따라잡기

- 변화 개방적 태도
- 자기 주도적 학습
- 학습 민첩성/적응력

요약 AI 시대에는 AI 리터러시, 디지털 협업, 평생학습 마인드셋이 필수 디지털 역량입니다.

Ch 9. AI로 개인 생산성 폭발시키기

Ch 9.
AI로 개인 생산성 폭발시키기

현대 사회는 정보 과부하와 끊임없이 증가하는 업무량으로 인해 개인의 생산성 관리가 그 어느 때보다 중요해졌습니다. 인공지능은 이러한 도전 과제를 해결하고 당신의 생산성을 폭발적으로 끌어올릴 수 있는 가장 강력한 도구입니다. AI는 단순한 작업 자동화를 넘어, 당신의 작업 흐름을 최적화하고, 습관 형성을 돕고, 중요한 정보만 걸러내는 등 전방위적으로 당신의 효율성을 극대화할 수 있습니다.

이 챕터에서는 AI를 활용하여 개인 생산성을 혁신하는 구체적인 전략과 팁을 제시할 것입니다.

작업 흐름 최적화: AI 루틴으로 효율성 극대화

작업 흐름 최적화: AI 루틴으로 효율성 극대화

AI를 당신의 일상적인 작업 흐름(Workflow)에 통합하면, 반복적인 작업을 자동화하고 의사결정 과정을 가속화하여 전반적인 효율성을 극대화할 수 있습니다. AI를 '루틴(Routine)'의 일부로 만들어 보세요.

Ch 9. AI로 개인 생산성 폭발시키기

AI 기반 문서 작성 및 편집 자동화

- 이메일 초안 작성, 보고서 요약, 회의록 정리, 마케팅 문구 생성 등 텍스트 기반의 문서 작업을 AI에게 맡깁니다. AI는 문법 교정, 스타일 제안, 특정 내용 요약, 특정 형식으로 변환 등 다양한 편집 작업도 수행할 수 있습니다.

- **예시** 매일 아침 출근 후, 받은 편지함을 열어 중요한 이메일 3개를 AI에게 요약해달라고 요청하고, 핵심 내용만 파악한 후 AI가 작성한 회신 초안을 검토하여 발송합니다. (이메일 첨부 후 '이 이메일의 핵심 내용 3가지를 요약하고, 이에 대한 나의 답변 초안을 작성해줘.)

주간 보고서 작성을 위해 지난주 업무 일지를 AI에게 제공하고, AI가 주요 성과, 이슈, 다음 주 계획을 포함한 보고서 초안을 작성하도록 합니다. (지난주 업무 일지 내용을 바탕으로 주간 보고서 초안을 작성해줘. 주요 성과 3가지, 발생 이슈 2가지, 다음 주 계획 3가지를 포함해줘.)

- **효과** 단순 반복 작업에 드는 시간을 획기적으로 줄여, 당신이 더 중요하고 창의적인 업무에 집중할 수 있도록 돕습니다. 초기 작성 부담을 덜어주어 작업 시작을 용이하게 합니다.

스케줄링 및 알림 관리 자동화

- AI 비서를 활용하여 음성으로 회의 일정을 잡거나, 중요한 알림을 설정하고, 반복적인 업무 스케줄을 관리합니다. 일부 AI 캘린더 앱은 습관을 학습하여 최적의 시간 관리를 제안하기도 합니다.

- **예시** "이번 주 수요일 오후 3시에 A팀과 프로젝트 미팅 잡아줘." 또는 "매일 아침 9시에 오늘 할 일 리스트를 알려줘."
- **효과** 수동으로 일정을 관리하는 번거로움을 줄이고, 중요한 약속이나 할 일을 잊지 않도록 하여 효율적인 시간 관리를 가능하게 합니다.

정보 검색 및 정리 효율화

- 특정 주제에 대한 정보를 빠르게 검색하고, 관련 자료를 AI에게 요약, 분류, 태그 생성 등을 요청하여 정보 정리 시간을 단축합니다. 웹페이지 요약, PDF 내용 분석 등 AI 기반 도구를 적극 활용합니다.

- **예시** 관심 있는 뉴스 기사나 논문 링크를 AI에게 제공하고, "이 기사에서 AI 기술의 최신 트렌드 5가지와 미래 전망을 불릿 포인트로 요약해줘."라고 요청하여 핵심 정보만 빠르게 습득합니다.
- **효과** 정보 과부하 시대에 필요한 정보를 신속하게 찾아내고, 정리하여 지식 관리의 효율성을 높입니다.

넛지 시스템: AI를 활용한 습관 형성과 동기부여

'넛지(Nudge)'는 강요가 아닌 부드러운 개입을 통해 사람들의 행동을 긍정적인 방향으로 유도하는 것입니다. AI는 당신의 습관 형성을 돕고, 동기 부여를 제공하는 강력한 넛지 시스템이 될 수 있습니다.

Ch 9. AI로 개인 생산성 폭발시키기

개인 맞춤형 학습 플래너 및 리마인더

- 특정 목표(예: 외국어 학습, 자격증 취득)를 설정하고, AI에게 개인의 학습 속도와 선호도를 고려한 맞춤형 학습 계획을 수립해달라고 요청합니다. AI는 정기적인 알림과 함께 학습 진도에 따른 격려 메시지를 보내 동기 부여를 돕습니다.
- **효과** 꾸준한 학습 습관을 형성하는 데 도움을 주고, 목표 달성까지의 과정을 지속적으로 지원하여 학습 이탈률을 낮춥니다.

예시 프롬프트

"매일 30분씩 영어 단어를 공부하려고 해. 매일 아침 8시에 오늘의 단어 5개를 메일로 보내주고, 저녁 9시에는 오늘 공부했는지 확인하는 메시지를 보내줘. 긍정적인 피드백도 함께 줘."

운동 및 건강 습관 관리 파트너

- AI 피트니스 앱이나 스마트워치 연동 AI는 당신의 운동량, 수면 패턴, 식단 등을 분석하여 개인화된 건강 목표를 설정하고, 달성을 위한 맞춤형 운동 루틴이나 식단 가이드를 제공합니다.
- **효과** 건강한 생활 습관을 형성하고 유지하는 데 강력한 동기 부여를 제공하며, 전문가의 도움 없이도 개인 맞춤형 건강 관리가 가능해집니다.

예시 피드백

"오늘 30분 걷기 목표를 달성했어." - "잘했어! 내일은 가볍게 스트레칭하는 루틴을 추천해줄까?"
"오늘 저녁은 가볍게 샐러드를 추천합니다."

목표 달성을 위한 동기 부여 메시지

• AI에게 당신의 장기적인 목표(예: 책 쓰기, 새로운 기술 습득)를 알려주고, 주기적으로 목표 달성을 위한 격려 메시지나 작은 행동 지침을 요청합니다.

• **효과** 목표 달성 과정에서 발생할 수 있는 매너리즘을 방지하고, 꾸준히 동기를 부여하여 최종 목표 달성까지의 여정을 지원합니다.

예시 프롬프트

"내가 6개월 안에 책을 완성하고 싶어. 매주 월요일 아침에 책 쓰기 진도를 점검하고, 격려해주는 메시지를 보내줘. 막힐 때마다 아이디어를 얻을 수 있는 질문도 해줘."

정보 과부하 해결: AI로 중요한 정보만 걸러내기

현대 사회는 정보의 홍수 속에서 살고 있습니다. 너무 많은 정보는 오히려 의사결정을 방해하고 피로도를 높입니다. AI는 이러한 정보 과부하를 해결하고 당신에게 정말 중요한 정보만을 선별하여 제공하는 필터 역할을 할 수 있습니다.

개인화된 뉴스 및 콘텐츠 큐레이션

• AI 기반 뉴스 앱이나 콘텐츠 플랫폼은 당신의 관심사, 열람 기록, 선호도 등을 학습하여 수많은 정보 속에서 당신에게 가장 흥미롭고 유용한 뉴스 기사, 논문, 블로그 게시물 등을 선별하여 제공합니다.

Ch 9. AI로 개인 생산성 폭발시키기

- **예시** 경제, 기술, 특정 산업 동향 등 당신이 관심 있는 주제를 AI에게 알려주면, 매일 아침 해당 분야의 주요 뉴스 헤드라인과 짧은 요약을 정리하여 보내줍니다.
- **효과** 불필요한 정보 탐색 시간을 줄이고, 당신에게 필요한 핵심 정보만을 효율적으로 습득하여 의사결정의 질을 높입니다. '정보의 노이즈'를 줄여줍니다.

이메일 및 알림 필터링

- AI 기반 이메일 서비스(예: Gmail)는 스팸 메일을 자동으로 분류하고, 중요하지 않은 프로모션 메일을 필터링하여 당신의 받은 편지함을 깔끔하게 유지해줍니다. 또한, 특정 키워드나 발신자에 따라 메일을 자동으로 분류하고 우선순위를 지정하는 데 도움을 줍니다.
- **예시** "회사 메일 중 '긴급'이라는 단어가 포함된 메일은 최상단으로 옮기고, '프로모션' 관련 메일은 별도 폴더로 자동 분류해줘."와 같은 규칙을 AI에 설정할 수 있습니다.
- **효과** 중요도 낮은 정보로 인한 방해를 줄이고, 정말 중요한 메일이나 알림에 즉각적으로 반응할 수 있도록 돕습니다. 집중력 향상에 기여합니다.

정보 과부하 해결: AI로 중요한 정보만 걸러내기

회의록 및 오디오 요약

· 긴 회의나 강연의 녹음 파일 또는 텍스트 기록을 AI에게 제공하여 핵심 내용, 결정 사항, 다음 액션 아이템 등을 자동으로 요약하고 정리하도록 합니다. AI는 주요 발언자를 식별하고, 특정 주제별로 내용을 분류할 수도 있습니다.

· **예시** "지난주 팀 미팅 녹음 파일을 첨부하니, 핵심 결정 사항 3가지와 각 결정에 대한 담당자 및 기한을 불릿 포인트로 요약해줘."

· **효과** 회의록 작성 시간을 절약하고, 참석자들이 회의 내용을 빠르게 복기할 수 있도록 돕습니다. 긴 오디오 파일을 직접 듣고 핵심을 파악하는 수고를 덜어줍니다.

Ch 9. AI로 개인 생산성 폭발시키기

　AI는 당신의 개인 비서이자 조력자로서, 일상의 반복적인 작업을 줄이고, 창의성을 자극하며, 학습 효율을 높이고, 정보 과부하를 해소하는 데 탁월한 능력을 발휘합니다. AI를 적극적으로 활용하여 당신의 생산성을 폭발시키고, 더 중요하고 가치 있는 일에 당신의 시간과 에너지를 투자하시기 바랍니다. 다음 제4부에서는 AI의 진화된 형태인 'AI 에이전트'를 마스터하는 방법에 대해 다룰 것입니다.

정보 과부하 해결: AI로 중요한 정보만 걸러내기

작업 흐름 최적화
: AI 루틴으로 효율성 극대화

- 문서 작성/편집
- 스케줄링/알림 관리
- 정보 검색/정리

넛지 시스템
: AI 습관 형성과 동기부여

- 학습 플래너/리마인더
- 운동/건강 습관 관리
- 목표 동기 부여 메시지

정보 과부하 해결
: AI로 중요한 정보만 걸러내기

- 뉴스/콘텐츠 큐레이션
- 이메일/알림 필터링
- 회의록/오디오 요약

요약 AI는 작업 최적화, 습관 형성, 정보 필터링으로 개인 생산성을 극대화합니다.

4부

AI 에이전트 마스터하기

―――――――

"우리는 AI가 새로운 전기라는 비유를 하고 있습니다.
전기는 농업, 운송, 통신, 제조업 등 산업을 변화시켰습니다."

- 앤드류 응 (Andrew Ng)

Ch 10.
AI 에이전트란 무엇인가?

지금까지 우리는 AI를 주로 '나의 지시에 따라 특정 작업을 수행하는 도구'로 이해했습니다. 챗GPT와 같은 생성형 AI가 대표적입니다. 하지만 AI 기술은 여기서 한 단계 더 진화하여, 스스로 목표를 설정하고, 여러 단계를 계획하며, 외부 도구와 연동하여 자율적으로 작업을 수행하는 'AI 에이전트(AI Agent)'의 형태로 발전하고 있습니다.

AGI로 가는 길: AI 발전의 5단계

　OpenAI가 제시한 AGI(인공일반지능) 발전 단계를 살펴보면, 우리가 현재 어디에 있고 어디로 가고 있는지를 명확히 이해할 수 있습니다.

Ch 10. AI 에이전트란 무엇인가?

AGI 발전 5단계

대화형 AI — 대화형 챗봇

추론 AI — 박사 수준의 문제 해결 수준
▶ 생성형 AI
1. 문장 생성, 정리
2. 코딩, 작업 생성
3. 멀티모달 변환
4. 박사 수준 문제 해결
5. 자율 AI 기반 지원

자율 AI — 사용자 없이 자율적으로 작동
▶ AI Agent
1. 반복 업무 자동화
2. 의사결정 자동화
3. 전략적 업무 자동화
4. 전문 업무 자동화
5. 모든 업무 자동화

혁신 AI — 새로운 혁신 제품을 스스로 개발
▶ 생성형 AI, 물리적 AI

조직 AI — 전체 조직 작업을 모두 관리, 로봇과 협업을 통한 합동 작업
▶ 휴머노이드 AI

1단계: 대화형 AI (Chatbots) - 대화형 챗봇, 언어 생성, 정리

현재 우리가 가장 익숙한 단계입니다. 박사 수준의 문제 해결 수준을 보여주는 생성형 AI로, 문장 생성, 정리, 코딩, 작업 생성, 멀티모달 변환, 박사 수준 문제해결 등이 가능합니다.

2단계: 추론 AI (Reasoners) - 사람처럼 사고하고 자율적으로 작동

2025년 현재 최전선에 있는 단계입니다. 반복 업무 자동화, 역사/철학 자동화, 전략적 업무 자동화, 전문 업무 자동화, 모든 업무 자동화가 점진적으로 이루어지고 있습니다.

3단계: 자율 AI (Agents) - 자율적으로 작동하는 AI 시스템

바로 이 챕터에서 다루는 AI 에이전트가 여기에 해당합니다. 새로운 혁신 제품을 스스로 개발하는 수준의 AI로, 우리는 지금 이 단계로의 진입을 목격하고 있습니다.

4단계: 혁신 AI (Innovators) - 생산형 AI, 물리적 AI

AI가 단순히 기존 지식을 활용하는 것을 넘어 새로운 혁신을 창출하는 단계입니다.

5단계: 조직 AI (Organizations)
- 전체 조직 작업을 모두 관리

로봇과 협업을 통한 함능 작업(휴머노이드 AI)까지 가능한, 진정한 AGI의 실현 단계입니다.

AI 에이전트는 이러한 발전 단계에서 3단계 '자율 AI'의 핵심이며, 단순한 도구를 넘어 마치 당신의 분신처럼 복잡한 업무를 처리할 수 있는 잠재력을 가지고 있습니다.

Ch 10. AI 에이전트란 무엇인가?

에이전트의 개념: 단순 AI와 에이전트의 차이점

AI 에이전트의 핵심은 '자율성(Autonomy)'과 '목표 지향성(Goal-Oriented)'에 있습니다. 이는 AGI 발전 단계에서 2단계(추론 AI)와 3단계(자율 AI)의 경계를 나누는 중요한 특징입니다.

단순 AI (1~2단계: 대화형 AI와 초기 추론 AI)

• 사용자로부터 명확한 '프롬프트(명령)'를 받아야만 작동합니다. 주어진 프롬프트에 대한 단일한 답변이나 결과물을 생성하는 데 초점을 맞춥니다. 한 번의 지시로 한 번의 작업을 수행하는 형태입니다.

• **예시** 챗GPT에게 "사과에 대한 시를 써줘"라고 지시하면 시를 써줍니다. "내일 날씨는 어때?"라고 물으면 날씨를 알려줍니다. 여기서 AI의 역할은 당신의 질문에 대한 '답변'을 제공하는 것입니다. 그 다음 행동은 전적으로 사용자의 추가 지시에 달려 있습니다.

AI 에이전트 (3단계: 자율 AI)

• 사용자로부터 '최종 목표'를 지시받으면, 이 목표를 달성하기 위해 스스로 필요한 하위 작업을 분해하고, 단계별 계획을 수립하며, 외부 도구(인터넷 검색, 다른 소프트웨어, API 등)와 연동하여 자율적으로 작업을 수행합니다. 에이전트는 피드백을 통해 자신의 행동을 수정하고 학습하며 목표 달성까지 반복적인 시도를 합니다.

에이전트의 개념: 단순 AI와 에이전트의 차이점

- **예시**

  단순 AI "2023년 한국 경제성장률을 알려줘."

  AI 에이전트 "2023년 한국 경제성장률에 대한 보고서를 작성해 줘. 이 보고서는 주요 언론사의 보도 내용을 포함하고, 향후 전망에 대한 분석을 덧붙이며, 이를 그래프로 시각화해서 워드 파일로 만들어줘."

이 경우 AI 에이전트는 다음과 같은 단계를 자율적으로 수행합니다.

- 인터넷에서 '2023년 한국 경제성장률' 관련 자료 검색 (외부 도구)
- 주요 언론사 기사 필터링 및 내용 분석
- 경세 전문가들의 전망 사료 수집
- 수집된 데이터를 바탕으로 보고서 초안 작성
- 보고서 내용 중 통계 데이터를 기반으로 그래프 생성 (시각화 도구)
- 모든 내용을 워드 파일로 저장 및 전달 (파일 생성 도구)

- **핵심 차이** 단순 AI는 '무엇'을 할지 명확한 지시가 필요하지만, AI 에이전트는 '최종 목표'만 주어지면 '어떻게' 그 목표를 달성할지 스스로 판단하고 실행합니다. 이는 AI가 더욱 능동적이고  복합적인 문제 해결 능력을 갖게 되었음을 의미하며, AGI로 가는 중요한 이정표입니다.

Ch 10. AI 에이전트란 무엇인가?

에이전트의 종류와 용도: 업무별 최적의 도구 선택

AI 에이전트는 그 용도와 기능에 따라 다양한 형태로 존재하며, AGI 발전 단계에서 제시된 '반복 업무 자동화'부터 '전문 업무 자동화'까지 광범위한 영역을 커버합니다.

1. 정보 탐색 및 분석 에이전트 (Information Retrieval & Analysis Agent)

- 방대한 웹 정보, 데이터베이스, 문서 등을 검색하고 필터링하여 필요한 정보를 추출하고 분석하는 데 특화되어 있습니다.

- 예시
  - **뉴스 요약 에이전트** 매일 아침 특정 산업 분야의 최신 뉴스를 자동으로 검색하고, 중요도에 따라 요약하여 리포트를 제공합니다.
  - **경쟁사 분석 에이전트** 경쟁사의 최신 제품 출시, 마케팅 활동, 재무 실적 등을 자동으로 모니터링하고 분석하여 주기적으로 보고합니다.
  - **학술 연구 에이전트** 특정 주제에 대한 최신 논문을 검색하고, 핵심 내용을 요약하여 연구자에게 제공합니다.

2. 작업 자동화 에이전트 (Task Automation Agent)

- 반복적이고 규칙적인 업무를 자동화하여 인간의 개입 없이 작업을 수행합니다. AGI 발전 단계의 '반복 업무 자동화'를 실현합니다.
- 예시
  - **이메일 관리 에이전트** 중요도에 따라 이메일을 분류하고, 스팸

메일을 걸러내며, 특정 유형의 메일에 대해 자동으로 회신 초안을 작성합니다.

- **데이터 입력 에이전트** 외부 시스템에서 데이터를 가져와 내부 시스템에 자동으로 입력하거나, 스프레드시트를 업데이트합니다.
- **보고서 생성 에이전트** 정해진 시간에 특정 데이터 소스(예: 세일즈 데이터, 웹사이트 방문자 수)에서 데이터를 가져와 월간/주간 보고서를 자동으로 생성합니다.

3. 창작 및 콘텐츠 생성 에이전트 (Creative & Content Generation Agent)

- 텍스트, 이미지, 오디오, 비디오 등 다양한 형태의 콘텐츠를 자율적으로 생성하고 편집합니다. 이는 4단계 '혁신 AI'로 가는 교두보 역할을 합니다.

- **예시**
  - **소셜 미디어 콘텐츠 에이전트** 특정 트렌드나 키워드를 분석하여 이에 맞는 소셜 미디어 게시물(텍스트, 이미지, 짧은 영상 포함)을 자동으로 생성하고, 예약 시간에 맞춰 게시합니다.
  - **마케팅 캠페인 에이전트** 타겟 고객층과 목표에 맞춰 다양한 마케팅 문구, 광고 이미지, 이메일 뉴스레터 초안을 자동으로 생성합니다.
  - **가상 작가/기자 에이전트** 스포츠 경기 결과나 주식 시장 동향과 같은 정형화된 데이터를 기반으로 뉴스 기사나 짧은 보고서를 자동으로 작성합니다.

4. 개인 비서 에이전트 (Personal Assistant Agent)

· 개인의 일상생활과 업무를 보조하며, 일정 관리, 정보 제공, 의사결정 지원 등 포괄적인 도움을 제공합니다.

- **예시**
  - **스케줄 관리 에이전트** 당신의 캘린더와 선호도를 분석하여 최적의 회의 시간을 제안하고, 자동으로 회의실을 예약하며, 참석자들에게 알림을 보냅니다.
  - **여행 계획 에이전트** 예산, 기간, 선호하는 여행 스타일(휴양, 액티비티)을 입력하면 항공권, 숙소, 관광 일정을 자동으로 계획하고 예약까지 지원합니다.
  - **학습 에이전트** 당신의 학습 목표와 진도를 분석하여 개인 맞춤형 학습 자료를 추천하고, 주기적으로 학습 성과를 점검하며 피드백을 제공합니다.

이처럼 AI 에이전트는 특정 작업에 대한 전문성을 가지고 자율적으로 움직이며, AGI 발전 단계의 3단계를 실현하고 있습니다.

에이전트가 바꿀 일상과 업무 환경: AGI 시대를 향한 전환

AI 에이전트의 등장은 우리를 AGI 발전 단계의 3단계에서 4단계, 그리고 궁극적으로 5단계로 이끌며, 우리의 일상과 업무 환경에 혁명적인 변화를 가져올 것입니다.

에이전트가 바꿀 일상과 업무 환경: AGI 시대를 향한 전환

1. 업무 자동화 및 효율성 극대화

반복적이고 시간이 많이 소요되는 업무의 대부분을 에이전트가 처리하게 되면서, 인간은 더 창의적이고 전략적인 고부가가치 업무에 집중할 수 있게 됩니다. 이는 AGI 발전 단계에서 제시한 '모든 업무 자동화'로 가는 과정이며, 개인의 생산성을 극대화하고, 기업의 운영 효율을 비약적으로 향상시킬 것입니다.

2. 개인화된 서비스 및 경험

각 개인의 취향, 습관, 필요를 학습한 AI 에이전트는 우리의 일상에서 모든 것을 개인화된 방식으로 제공할 것입니다. 맞춤형 뉴스 브리핑, 건강 관리 계획, 재정 자문, 쇼핑 추천 등 모든 것이 나에게 최적화된 형태로 이루어질 것입니다.

3. 의사결정의 고도화

AI 에이전트가 방대한 정보를 탐색하고 분석하여 핵심 인사이트와 대안을 제시함으로써, 우리는 더 빠르고 정확하며 합리적인 의사결정을 내릴 수 있게 됩니다. 이는 2단계 '추론 AI'의 능력이 3단계 '자율 AI'와 결합된 결과입니다.

4. 새로운 직업의 탄생 및 역할 변화

AI 에이전트의 등장으로 기존 직업의 역할은 변화하고, '에이전트

Ch 10. AI 에이전트란 무엇인가?

조율자', '에이전트 시스템 디자이너', 'AI 기반 서비스 기획자'와 같이 에이전트를 관리하고, 에이전트가 해결할 수 없는 문제를 해결하며, 에이전트의 결과를 최종적으로 검증하는 새로운 직업들이 부상할 것입니다.

5. 협업의 새로운 패러다임

인간과 AI 에이전트 간의 협업이 일상화될 것입니다. 특정 목표를 가진 에이전트가 여러 명의 인간 동료와 함께 팀을 이루어 프로젝트를 수행하는 형태도 가능해질 것입니다. 이는 5단계 '조직 AI'로 가는 과도기적 형태로, 팀워크의 개념을 확장하고, 인간-AI 상호작용의 새로운 표준을 제시할 것입니다.

마무리: AGI 시대를 준비하며
혁신 AI - 인간을 넘어서는 창의적 동반자

AGI 발전의 4단계인 '혁신 AI'는 단순히 인간의 지시를 충실히 수행하는 수준을 넘어, 스스로 창의적 아이디어와 새로운 해법을 제시

마무리: AGI 시대를 준비하며

할 수 있는 단계입니다. 지금까지의 AI는 '학습된 데이터의 범위 안에서' 뛰어난 성능을 보여왔습니다. 그러나 혁신 AI는 기존 지식을 단순히 재조합하는 것을 넘어서, 인간이 생각하지 못한 새로운 가능성과 패러다임을 창출합니다. 예를 들어, 제약 산업에서는 AI가 수백만 개의 화합물 조합을 탐색해 인간 과학자가 평생 발견하지 못했을 신약 후보를 발굴할 수 있습니다. 건축·디자인 분야에서는 AI가 새로운 미적 감각과 구조적 안정성을 동시에 갖춘 설계를 제시할 수 있으며, 이는 단순 보조가 아니라 창작의 동반자로 기능하게 만듭니다.

또한 혁신 AI는 문제 해결 과정에서 기존의 인간 중심 의사결정 구조를 흔들고, 더 나아가 사회적 시스템까지 재편할 잠재력을 가지고 있습니다. 에너지 효율 최적화, 기후변화 대응 전략,  글로벌 금융 시스템의 새로운 운영 모델 등은 혁신 AI의 주도 아래 설계될 수 있습니다. 이러한 맥락에서 인간은 단순히 결과물을 검증하는 차원을 넘어, AI와 함께 새로운 가능성을 공동 창출하는 파트너십을 맺게 될 것입니다.

이 단계에서는 인간의 역할 역시 변화합니다. AI가 제안한 혁신을 받아들이고, 이를 사회적으로 적용 가능한 형태로 다듬는 것이 인간의 몫이 됩니다. 결국 혁신 AI는 인간의 한계를 보완하고 확장함으로써, 인류가 직면한 난제를 해결하고 새로운 문명을 여는 촉매제가 될 것입니다. 이는 단순히 생산성의 향상을 넘어서, 우리가 살고 있는 세계의 틀 자체를 바꾸는 근본적인 변혁을 의미합니다.

Ch 10. AI 에이전트란 무엇인가?

조직 AI - 초지능 네트워크 사회의 시작

AGI 발전의 최종 단계라 할 수 있는 '조직 AI'는 개별 에이전트나 혁신 AI가 아니라, 서로 연결된 다수의 AI 시스템이 하나의 집단 지성을 형성하는 단계입니다. 이 단계에서는 AI가 더 이상 개인의 보조자나 단일 기업의 효율화 도구로 머물지 않습니다.  마치 인간 사회가 개인의 협력으로 국가와 조직을 만들었듯이, AI 역시 다층적 협력 네트워크를 통해 'AI 사회'를 구축하게 됩니다.

조직 AI는 특정 목표를 중심으로 수십, 수백 개의 에이전트들이 자율적으로 협업하며, 동시에 인간 사회와 긴밀히 맞물려 작동합니다. 예를 들어, 한 국가의 교통망 전체가 조직 AI에 의해 실시간으로 최적화된다면, 개별 차량 AI가 단순히 길을 안내하는 수준을 넘어 도시 차원의 교통 흐름 전체를 조율할 수 있습니다. 의료 분야에서는 글로벌 의료 AI 네트워크가 환자의 유전자, 생활 습관, 지역별 질병 데이터를 종합 분석해, 지구적 차원의 공중보건 전략을 제시할 수도 있습니다.

이 단계에서 인간의 역할은 더욱 고도화됩니다. 인간은 단순히 AI의 도움을 받는 피수혜자가 아니라, 조직 AI가 제안하는 방대한 전략 중 윤리적·문화적·사회적 맥락에 맞는 선택을 내리는 최종 심판자가 됩니다. 동시에, 새로운 직업군 역시 등장합니다. 'AI 조직 설계자', '집단 지성 큐레이터', '윤리적 의사결정 관리자' 등이 대표적인 예입니다.

마무리: AGI 시대를 준비하며

　조직 AI의 가장 큰 의미는 인간과 AI가 대등한 파트너로서 문명을 공동 운영하는 새로운 사회 질서의 출현입니다. 이는 인간 역사상 최초로, 비인간적 지성과의 협업을 통해 사회 시스템을 재구성하는 도전이자 기회입니다. 결국 조직 AI는 인간 중심의 사회에서 벗어나, 인간과 AI가 함께 문명을 이끌어가는 초지능 네트워크 사회의 시작점이라 할 수 있습니다.

Ch 10. AI 에이전트란 무엇인가?

우리는 지금 AGI 발전의 3단계인 '자율 AI' 시대의 문턱에 서 있습니다. AI 에이전트는 이 중요한 전환점의 핵심 기술이며, 우리의 삶을 더욱 편리하고 효율적으로 변화시킬 것입니다.

중요한 것은 이러한 변화를 이해하고, 에이전트의 잠재력을 최대한 활용할 수 있는 능력을 키우는 것입니다. 동시에 4단계 '혁신 AI'와 5단계 '조직 AI'로의 발전 가능성을 염두에 두고, 미래를 준비해야 합니다.

다음 챕터에서는 직접 '나만의 AI 어시스턴트'를 설계하고 만드는 방법에 대해 자세히 알아볼 것입니다. 이는 AGI 시대를 살아갈 우리에게 필수적인 역량이 될 것입니다.

마무리: AGI 시대를 준비하며

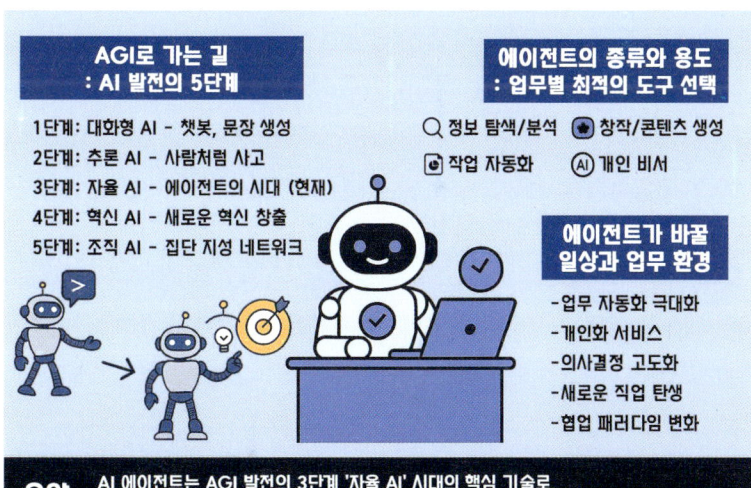

Ch 11.
나만의
AI 어시스턴트 만들기

AI 에이전트의 개념을 이해했다면, 이제 이를 당신의 일상과 업무에 직접 적용하는 방법을 배울 차례입니다. '나만의 AI 어시스턴트'를 만든다는 것은 단순히 AI 챗봇을 사용하는 것을 넘어, 당신의 특정 필요와 목적에 맞춰 AI에게 맞춤형 역할과 규칙을 부여하고, 지속적으로 성능을 개선해나가는 과정을 의미합니다. 이는 당신의 생산성을 비약적으로 향상시키고, AI를 당신의 가장 강력한 비서로 만드는 핵심 단계입니다.

이 챕터에서는 퍼스널 에이전트를 설계하는 방법, 역할과 규칙 설정의 중요성, 그리고 피드백을 통한 지속적 개선 방안을 구체적으로 제시할 것입니다.

퍼스널 에이전트 설계: 맞춤형 도우미 만들기

퍼스널 에이전트 설계: 맞춤형 도우미 만들기

　나만의 AI 어시스턴트를 만들기 위한 첫걸음은 명확한 '설계'입니다. 이 설계 과정은 AI에게 단순히 '무엇을 해달라'고 지시하는 것을 넘어, AI가 어떤 존재이고 무엇을 지향해야 하는지 정의하는 과정입

Ch 11. 나만의 AI 어시스턴트 만들기

니다. 이는 마치 새로운 직원을 채용하여 업무를 교육시키는 것과 유사합니다.

1. 에이전트의 '목표' 설정

· 가장 먼저, 당신이 이 AI 어시스턴트를 통해 무엇을 얻고 싶은지 명확한 목표를 설정해야 합니다. 목표는 구체적이고 측정 가능할수록 좋습니다.

· **예시**
  · "내 업무 효율을 30% 높이는 비서 에이전트"
  · "새로운 기술을 빠르게 학습할 수 있도록 돕는 학습 에이전트"
  · "개인 브랜딩을 위한 소셜 미디어 콘텐츠 생성 에이전트"
  · "여행 계획 및 예약 자동화 에이전트"

활용 프롬프트
"이제부터 너는 나의 [목표]를 달성하기 위한 AI 어시스턴트가 될 거야."

2. 에이전트의 '이름' 및 '페르소나' 부여

• AI에게 친숙한 이름과 구체적인 페르소나(성격, 말투)를 부여하면 AI와의 상호작용이 더욱 자연스럽고 효과적으로 변합니다. 이는 AI가 일관된 톤앤매너와 관점으로 답변하도록 돕습니다.

- **예시**
  - **이름** '비서', '아이디어 부스터', '스터디 챗', '여행 플래너' 등
  - **페르소나**

"너의 이름은 '비서'야. 항상 전문적이고 정중하며, 논리적이고 효율적인 방식으로 나를 도와줘."

"너의 이름은 '아이디어 부스터'야. 항상 창의적이며, 때로는 도발적인 아이디어를 제안하여 나의 사고를 확장시켜줘."

"너의 이름은 '스터디 챗'이야. 나는 영문학을 공부하는 대학생이야. 너는 영문학 분야의 모든 지식을 갖춘 친절하고 인내심 있는 개인 튜터가 되어줘."

활용 프롬프트

"너의 이름은 [이름]이야. 너는 [페르소나]의 특징을 가지고 [말투]로 나에게 답변해줘."

3. 에이전트의 '전문 분야' 및 '역할' 정의

• AI 어시스턴트가 어떤 분야에서 어떤 역할을 수행할지 명확하게 정의해야 합니다. 이는 AI의 지식 범위를 제한하고, 불필요한 답변을 방지하는 데 도움이 됩니다.

Ch 11. 나만의 AI 어시스턴트 만들기

- **예시**
  - "너는 마케팅 전략 수립에 특화된 전문가야. 최신 디지털 마케팅 트렌드와 데이터 분석을 기반으로 나에게 인사이트를 제공해줘."
  - "너는 나의 재정 관리 어시스턴트야. 개인 재무 상태를 분석하고, 투자 계획을 세우는 데 도움을 줘. 다만, 법률적/세무적 조언은 하지 않아."
  - "너는 나의 운동 코치야. 나의 건강 상태와 운동 목표를 바탕으로 개인 맞춤형 운동 루틴을 제안하고, 동기를 부여해줘."

활용 프롬프트
"너의 주된 전문 분야는 [전문 분야]이며, 너의 역할은 [역할]이야."

이러한 설계 과정을 통해 당신의 AI 어시스턴트는 단순한 챗봇이 아니라, 당신의 필요에 최적화된 '맞춤형 도우미'로서 작동하게 됩니다.

역할과 규칙 설정: 에이전트의 성격과 한계 정의하기

AI 어시스턴트가 당신의 의도대로 올바르게 작동하기 위해서는 명확한 역할과 규칙을 설정하는 것이 중요합니다. 이는 AI의 행동 범위를 규정하고, 원치 않는 결과물을 방지하며, AI의 '성격'과 '한계'를 정의하는 과정입니다.

역할과 규칙 설정: 에이전트의 성격과 한계 정의하기

수행할 핵심 기능 및 작업 목록 정의

- 에이전트가 어떤 작업을 수행해야 하는지 구체적인 목록을 작성합니다. 이는 AI가 당신의 목표를 달성하기 위해 어떤 단계를 밟아야 할지 알려줍니다.

- **예시**
  - "새로운 개념을 쉽게 설명해줘."
  - "궁금한 점에 대해 추가 설명을 해줘."
  - "내가 제시한 문제의 풀이 과정을 단계별로 설명해줘."
  - "학습 내용을 바탕으로 예상 문제를 출제해줘."
  - "내가 쓴 글에서 문법적 오류와 논리적 비약을 찾아내고 수정 제안을 해줘."

활용 프롬프트

"너는 다음의 기능을 수행해야 해: [기능 1], [기능 2], [기능 3]…"

금지 사항 및 제약 조건 설정

- AI가 해서는 안 되는 행동이나 고려해야 할 제약 조건을 명확히 합니다. 이는 AI의 오작동을 방지하고, 윤리적인 문제를 예방하는 데 필수적입니다.

143

- **예시**
  - "절대 사실이 아닌 정보를 지어내지 마." (환각 방지)
  - "개인 정보나 민감한 회사 기밀을 외부에 유출하지 마." (보안)
  - "특정 정치적 견해나 종교적 입장을 직접적으로 표명하지 마." (편향 및 중립성)
  - "나의 질문에 대해 '나는 AI이기 때문에 할 수 없다'는 식의 답변 대신, 항상 최선을 다해 해결책을 찾아 제시해줘." (적극적 문제 해결)
  - "200자 이상의 답변은 지양하고, 핵심만 간결하게 설명해줘." (형식 제약)

활용 프롬프트

"너는 다음 사항들을 해서는 안 돼: [금지 사항 1], [금지 사항 2]... 또한, [제약 조건]을 항상 고려해줘."

외부 도구 사용 여부 및 방법 지정

- 최근의 AI 에이전트들은 웹 브라우징, 코드 실행, 파일 생성 등 외부 도구와 연동하여 더 복잡한 작업을 수행할 수 있습니다. 필요에 따라 이러한 연동 기능을 명시할 수 있습니다.

- **예시**
  - "최신 정보를 얻기 위해 항상 웹 브라우징 기능을 활용해줘."
  - "데이터 분석을 위해 파이썬 코드를 사용하고, 그 결과를 나에게 설명해줘."

- "작성된 보고서는 PDF 파일로 저장해줘."

활용 프롬프트
"필요할 경우 [외부 도구]를 활용하여 [목표]를 달성해줘."

이러한 역할과 규칙 설정은 AI 어시스턴트의 '헌법'과 같습니다. 이 헌법을 바탕으로 AI는 당신의 의도에 부합하는 방식으로 자율적인 행동을 수행할 수 있습니다.

지속적 개선: 피드백으로 에이전트 성능 향상

AI 어시스턴트는 한 번 설정했다고 해서 완벽하게 작동하는 것이 아닙니다. 지속적인 피드백을 통해 AI의 성능을 향상시키고, 당신의 요구사항에 더욱 잘 맞춰지도록 '훈련'해야 합니다. 이  는 AI와의 상호작용을 통해 더욱 깊이 있는 관계를 형성하는 과정입니다.

명확하고 구체적인 피드백 제공

- AI의 답변이 만족스럽지 않거나 개선이 필요하다고 느낄 때, "잘못됐어"와 같은 모호한 피드백 대신, "이 부분은 이렇게 수정해줘", "이 정보가 틀렸으니 정확한 출처를 바탕으로 다시 작성해줘", "답변의 어조가 너무 딱딱하니 좀 더 부드럽게 바꿔줘"와 같이 구체적인 피

드백을 제공해야 합니다.

- **예시** AI가 작성한 이메일 초안에 대해 "이메일 제목이 너무 일반적이야. '긴급'이라는 단어를 넣고, 프로젝트명을 명확히 드러내도록 수정해줘."

활용 프롬프트
"[AI의 답변]을 바탕으로 [특정 부분]을 [어떻게] 수정해줘. 이유는 [이유] 때문이야."

선호도 및 예시 제공

- 당신이 선호하는 답변 스타일이나 내용이 있다면, 직접 예시를 들어주거나 "이전 대화처럼 답변해줘"라고 지시하여 AI가 당신의 취향을 학습하도록 합니다.

- **예시** AI가 작성한 마케팅 문구가 마음에 들지 않을 때, "나는 이런 식의 유머러스한 문구를 선호해. (실제 유머러스한 문구 예시를 제시) 이와 같은 스타일로 다시 작성해줘."

활용 프롬프트
"내가 원하는 스타일은 [예시]와 같아. 이 스타일로 [작업]을 다시 해줄 수 있을까?"

성공/실패 사례 기록 및 학습

- AI가 특히 유용했던 답변이나, 반대로 크게 실패했던 답변을 기록하고, 어떤 프롬프트와 피드백이 그런 결과를 냈는지 분석합니다. 이를 통해 미래의 프롬프트 작성에 활용할 수 있는 학습 데이터를 축적합니다.
- **예시** 특정 정보 탐색 에이전트가 완벽한 보고서를 만들어낸 프롬프트와 피드백 과정을 저장해두고, 다음번 유사한 작업 시 참고합니다.
- **활용** AI와의 대화 기록을 주기적으로 검토하며, 당신의 요구사항을 더 잘 반영하도록 에이전트 설정을 미세 조정할 수 있습니다.

주기적인 설정 업데이트

- 당신의 필요나 AI 기술의 발전 속도에 맞춰 에이전트의 역할, 규칙, 목표 등을 주기적으로 검토하고 업데이트합니다. 새로운 기능이 추가되거나, 당신의 업무 방식이 변화하면 에이전트도 그에 맞춰 진화해야 합니다.
- **예시** 새로운 외부 도구 연동 기능이 추가되었다면, 이를 활용하도록 에이전트의 규칙을 업데이트합니다. 당신의 업무 목표가 바뀌었다면, 에이전트의 목표 설정도 그에 맞춰 변경합니다.

Ch 11. 나만의 AI 어시스턴트 만들기

  나만의 AI 어시스턴트를 만드는 것은 단순히 기술을 사용하는 것을 넘어, 당신의 업무와 삶을 개인화하고 최적화하는 과정입니다. 이러한 과정을 통해 당신은 AI를 단순한 도구가 아닌, 당신의 능력을 확장하고 지속적으로 함께 성장하는 진정한 파트너로 만들 수 있습니다.

  다음 챕터에서는 여러 AI 에이전트들이 협력하여 더욱 복잡한 작업을 해결하는 '에이전트 팀' 구성 방법에 대해 다룰 것입니다.

지속적 개선: 피드백으로 에이전트 성능 향상

요약 AI 어시스턴트는 목표/페르소나 설계, 규칙 설정, 피드백으로 맞춤형 비서가 됩니다.

Ch 12.
에이전트 팀으로
복잡한 작업 해결하기

 개별 AI 에이전트가 특정 목표를 자율적으로 수행하는 데 능숙하다면, 여러 AI 에이전트들을 결합하여 '팀'을 구성하면 훨씬 더 복잡하고 다단계적인 작업을 효율적으로 해결할 수 있습니다. 마치 인간 조직에서 각기 다른 전문성을 가진 팀원들이 협력하여 큰 프로젝트를 수행하는 것과 유사합니다. AI 에이전트 팀은 정보 수집, 분석, 창작, 검증 등 여러 단계를 거쳐야 하는 복합적인 문제 해결에 강력한 시너지를 발휘합니다.

 이 챕터에서는 여러 에이전트의 협업 개념, 에이전트 체인과 워크플로우 구성, 그리고 인간-에이전트 팀워크의 최적 역할 분담에 대해 자세히 알아볼 것입니다.

여러 에이전트의 협업: 시너지 효과 만들기

여러 에이전트의 협업: 시너지 효과 만들기

AI 에이전트 간의 협업은 각 에이전트가 자신의 강점과 전문성을 발휘하고, 그 결과물을 다음 에이전트에게 전달함으로써 전체적인 작업 흐름을 효율적으로 만들어내는 방식입니다. 이는 마치 생산 라인

Ch 12. 에이전트 팀으로 복잡한 작업 해결하기

에서 각 공정이 다음 공정으로 이어지듯이, AI 작업 흐름을 구성하는 것입니다.

협업의 핵심 원리

· **모듈화 (Modularization)** 복잡한 최종 목표를 여러 개의 작고 독립적인 하위 작업으로 나눕니다. 각 하위 작업은 특정 AI 에이전트에게 할당됩니다.

· **전문성 분할 (Specialization)** 각 에이전트에게는 특정 역할과 전문 분야가 주어집니다. 예를 들어, 한 에이전트는 정보 검색에, 다른 에이전트는 텍스트 요약에, 또 다른 에이전트는 이미지 생성에 특화될 수 있습니다.

· **결과물 전달 (Hand-off)** 한 에이전트가 작업을 완료하면, 그 결과물을 다음 에이전트에게 전달하여 다음 단계의 작업을 시작할 수 있도록 합니다. 이는 데이터 파이프라인(Data Pipeline)처럼 원활하게 이루어져야 합니다.

시너지 효과의 예시

만약 당신이 '특정 산업 분야의 최신 트렌드를 분석하고, 이를 바탕으로 마케팅 캠페인 아이디어를 도출하며, 관련 이미지까지 생성하는' 복잡한 작업을 수행해야 한다고 가정해 봅시다.

여러 에이전트의 협업: 시너지 효과 만들기

· **단일 AI 에이전트의 한계** 하나의 AI 에이전트에게 이 모든 것을 맡기면, 너무 많은 요구사항 때문에 성능이 저하되거나, 특정 부분에서 취약점을 보일 수 있습니다. 예를 들어, 정보 분석은 잘하지만 이미지 생성은 부족할 수 있습니다.

· **에이전트 팀의 시너지**

1. 정보 탐색 에이전트 웹에서 최신 산업 트렌드 관련 기사와 보고서를 수집하고 요약합니다. (전문성: 정보 수집, 요약)

2. 데이터 분석 에이전트 수집된 정보를 바탕으로 핵심 인사이트와 주요 트렌드를 분석하고 보고서 형태로 정리합니다. (전문성: 데이터 분석, 보고서 작성)

3. 마케팅 전략 에이전트 분석 보고서를 기반으로 타겟 고객에 맞는 마케팅 캠페인 아이디어를 브레인스토밍하고, 슬로건과 문구를 제안합니다. (전문성: 마케팅 전략, 카피라이팅)

4. 이미지 생성 에이전트 마케팅 문구와 아이디어를 바탕으로 캠페인에 활용할 수 있는 시각적 이미지를 생성합니다. (전문성: 이미지 생성)

5. 각 에이전트가 자신의 전문 영역에서 최적의 성능을 발휘하고, 그 결과가 다음 에이전트에게 유기적으로 연결되면서 전체적인 작업의 효율성과 품질이 비약적으로 향상됩니다.

Ch 12. 에이전트 팀으로 복잡한 작업 해결하기

에이전트 체인과 워크플로우 구성하기

에이전트 팀을 효과적으로 활용하기 위해서는 각 에이전트가 어떤 순서로, 어떤 정보를 주고받으며 작업할지 명확한 '에이전트 체인(Agent Chain)' 또는 '워크플로우(Workflow)'를 구성하는 것이 필수적입니다. 이는 작업의 설계도와 같습니다.

1. 최종 목표 명확화

- 가장 먼저 해결하고자 하는 최종적이고 복합적인 목표를 명확히 정의합니다.
- **예시** "새로운 블로그 게시물 아이디어부터 최종 게시물 작성 및 SNS 홍보까지의 전체 과정을 자동화"

2. 하위 작업 분해

- 최종 목표를 달성하기 위해 필요한 모든 하위 작업들을 단계별로 분해합니다.

예시
① 트렌드 분석 및 주제 선정
② 블로그 게시물 개요 및 핵심 내용 구성
③ 블로그 게시물 본문 작성
④ SEO 최적화 및 이미지 삽입
⑤ SNS 홍보 문구 및 해시태그 생성

3. 각 하위 작업에 적합한 에이전트 할당

· 분해된 각 하위 작업에 가장 적합한 역할을 수행할 AI 에이전트를 할당합니다. 이때 각 에이전트의 전문성을 고려합니다.

예시
① 트렌드 분석 에이전트 (정보 탐색, 요약 전문)
② 기획 에이전트 (콘텐츠 구조화, 아이디어 확장 전문)
③ 글쓰기 에이전트 (창의적 텍스트 생성, 문체 일관성 유지 전문)
④ SEO/이미지 에이전트 (키워드 분석, 이미지 생성 전문)
⑤ SNS 홍보 에이전트 (간결한 문구, 효과적인 해시태그 생성 전문)

4. 데이터 흐름 및 피드백 루프 설정

· 각 에이전트가 어떤 형태의 결과물을 생성하고, 다음 에이전트에게 어떤 정보가 전달되어야 하는지 명확히 정의합니다. 또한, 필요에 따라 피드백 루프(예: 상위 에이전트가 하위 에이전트의 결과를 검토하고 수정 지시)를 설정하여 작업의 정확도를 높일 수 있습니다.

예시
· (트렌드 분석 에이전트) → (요약된 트렌드 보고서) → (기획 에이전트)
· (기획 에이전트) → (블로그 개요) → (글쓰기 에이전트)
· (글쓰기 에이전트) → (초안) → (SEO/이미지 에이전트)
· (SEO/이미지 에이전트) → (최종 게시물) → (SNS 홍보 에이전트)

5. 워크플로우 관리 도구 활용 (선택 사항)

- 더 복잡한 에이전트 팀을 구성할 때는 Autogen, CrewAI와 같은 전문적인 AI 워크플로우 관리 프레임워크나 도구를 활용하여 에이전트 간의 상호작용과 데이터 흐름을 시각적으로 설계하고 관리할 수 있습니다.

인간-에이전트 팀워크: 최적의 역할 분담

AI 에이전트 팀이 아무리 뛰어나도, 인간의 역할은 여전히 매우 중요합니다. AI 에이전트 팀의 궁극적인 목표는 인간의 작업을 완전히 대체하는 것이 아니라, 인간의 능력을 확장하고 보완하여 최적의 팀워크를 만들어내는 것입니다.

1. 최종 목표 설정 및 에이전트 시스템 설계자

- AI 에이전트 팀이 무엇을 해야 할지, 어떤 최종 목표를 달성해야 할지 정의하는 것은 인간의 몫입니다. 복잡한 문제를 분석하여 이를 AI 에이전트가 이해하고 처리할 수 있는 하위 작업으로 분해하고, 최

인간-에이전트 팀워크: 최적의 역할 분담

적의 에이전트 체인을 설계하는 역할도 인간이 수행합니다. AI 에이전트는 목표를 스스로 생성할 수는 없으며, 인간이 부여한 목표를 향해 나아갈 뿐입니다.

2. 감독 및 감수자 (Oversight & Quality Control)

- AI 에이전트가 생성한 결과물의 품질을 최종적으로 검토하고, '환각'이나 '편향'과 같은 오류를 발견하여 수정하는 역할은 인간이 담당합니다. AI는 완벽하지 않으므로, 인간의 비판적 시각과 상식적인 판단을 통해 최종 결과물의 정확성과 적절성을 보장해야 합니다. 이는 마치 프로젝트 매니저가 팀원들의 성과를 검토하고 필요한 피드백을 제공하는 것과 유사합니다.

3. 맥락 이해 및 윤리적 판단

- AI는 복잡한 사회적, 문화적 맥락이나 미묘한 인간적 감정을 완전히 이해하지 못합니다. 또한, 윤리적 딜레마에 대한 판단 능력도 없습니다. 따라서 이러한 요소들이 중요한 작업에서는 인간이 최종적인 의사결정권을 가지고 AI의 결과물을 조율하고 조정해야 합니다. 예를 들어, 마케팅 캠페인 기획 시 AI가 제시한 아이디어가 윤리적으로 문제가 없는지, 또는 특정 문화권에서 오해를 불러일으킬 수 있는지 판단하는 것은 인간의 역할입니다.

4. 창의적 방향 제시 및 혁신 촉진자

- AI 에이전트는 주어진 틀 안에서 최적의 결과물을 만들어내지만, 틀 자체를 깨는 혁신적인 아이디어나 완전히 새로운 방향을 제시하는 것은 인간의 영역입니다. 인간은 AI가 생성한 아이디어를 영감 삼아 더욱 고차원적인 창의성을 발휘하고, AI 에이전트 팀이 나아갈 새로운 목표를 제시하는 역할을 수행합니다.

5. 피드백 및 개선 관리자

- 에이전트 팀의 성능을 지속적으로 향상시키기 위해, 인간은 에이전트의 작업 결과에 대해 구체적인 피드백을 제공하고, 에이전트의 규칙이나 설정을 업데이트하며, 필요한 경우 새로운 데이터를 학습시키는 역할을 합니다. 이는 AI 에이전트 팀이 끊임없이 발전하고 진화하도록 돕는 핵심적인 과정입니다.

인간-에이전트 팀워크: 최적의 역할 분담

AI 에이전트 팀은 단순한 기술적 진보를 넘어, 인간과 AI가 진정으로 협력하여 더 큰 가치를 창출하는 새로운 작업 패러다임을 제시합니다. 이 강력한 도구를 이해하고 효과적으로 활용하는 것은 AI 시대의 복잡한 문제를 해결하고, 당신의 생산성을 한 차원 높이는 중요한 능력이 될 것입니다. 다음 제5부에서는 AI와 함께하는 더 나은 미래를 위한 윤리적 고려사항과 지속적인 성장의 중요성에 대해 다룰 것입니다.

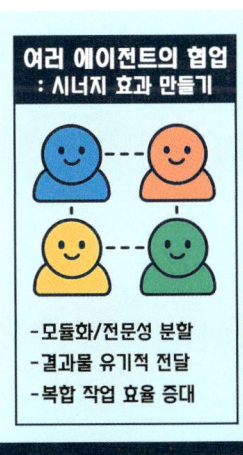

5부

AI와 함께하는
더 나은 미래

"우리 모두가 해야 할 일은 인류에게 해를 끼치는 것이 아니라
인류의 이익을 위한 방식으로 AI를 사용하고 있는지 확인하는 것입니다."

- 팀 쿡 (Tim Cook)

Ch 13. AI 윤리와 균형 잡힌 활용

Ch 13.
AI 윤리와
균형 잡힌 활용

인공지능은 인류에게 전례 없는 기회와 가능성을 제공하지만, 동시에 심각한 위험과 윤리적 문제들을 야기할 수도 있습니다. AI 기술의 책임감 있고 지속 가능한 발전을 위해서는 이러한 양면성을 명확히 인식하고, 균형 잡힌 시각으로 AI를 활용하는 것이 중요합니다.

이 챕터에서는 AI가 가진 기회와 위험을 객관적으로 살펴보고, 개인정보와 보안 문제에 대한 인식을 높이며, 궁극적으로 책임감 있는 AI 사용자로서 우리가 지켜야 할 원칙과 태도에 대해 논의할 것입니다.

AI의 양면성: 기회와 위험 인식하기

AI는 그 자체로 선하거나 악한 존재가 아닙니다. 칼이 요리 도구가 될 수도 있고, 무기가 될 수도 있듯이, AI 역시 어떻게 개발되고 활용되느냐에 따라 인류에게 엄청난 혜택을 가져올 수도 있고, 예상치 못

Ch 13. AI 윤리와 균형 잡힌 활용

한 부작용을 낳을 수도 있습니다.

AI가 제공하는 기회

생산성 및 효율성 극대화

・AI는 반복적이고 지루한 작업을 자동화하여 인간이 더 창의적이고 전략적인 고부가가치 업무에 집중할 수 있도록 돕습니다. 이는 개인의 업무 효율을 높이고, 기업의 생산성을 혁신적으로 향상시킵니다.

・**예시** AI 기반 챗봇이 고객 문의를 24시간 처리하고, AI가 회의록을 요약하여 다음 액션 플랜을 자동으로 생성함으로써 직원의 업무 부담을 줄이고 더 중요한 업무에 집중할 수 있게 합니다.

삶의 질 향상 및 문제 해결

・AI는 의료, 교육, 환경 등 다양한 분야에서 복잡한 사회 문제를 해결하는 데 기여합니다.

・**예시** AI 기반 진단 시스템은 질병을 조기에 발견하여 생명을 구하고, AI 기반 스마트 시티는 교통 체증을 줄이고 에너지 효율을 높여 도시 생활의 편의성을 개선합니다. AI를 활용한 기후 변화 예측 및 대응 연구도 활발합니다.

AI의 양면성: 기회와 위험 인식하기

창의성 및 혁신 촉진

- 생성형 AI는 예술, 디자인, 콘텐츠 제작 등 창의적인 분야에서 인간의 상상력을 현실로 구현하는 새로운 도구로 활용됩니다.

- **예시** AI는 소설의 초안을 작성하고, 그림의 아이디어를 제공하며, 심지어 음악을 작곡하여 예술가와 창작자들의 작업 효율과 창의성을 극대화합니다.

정보 접근성 확대 및 개인화

- AI는 방대한 정보를 개인의 필요에 맞춰 선별하고 요약하여 제공함으로써 정보 접근성을 높이고, 맞춤형 학습 및 서비스 경험을 제공합니다.

- **예시** 개인의 학습 수준에 맞춰 난이도를 조절하는 AI 튜터, 사용자 취향을 분석하여 맞춤형 상품을 추천하는 AI 쇼핑 어드바이저 등이 있습니다.

AI가 야기할 수 있는 위험

일자리 대체 및 경제적 불평등 심화

- AI 자동화로 인해 특정 직업군이 사라지거나 역할이 축소되면서 대규모 실업이 발생하고, AI 기술을 소유하거나 활용하는 계층과 그렇지 않은 계층 간의 경제적 불평등이 심화될 수 있습니다.

Ch 13. AI 윤리와 균형 잡힌 활용

정보 왜곡 및 편향 재생산

- AI는 학습 데이터에 내포된 편향을 그대로 학습하여 인종, 성별, 연령 등에 대한 차별적이고 불공정한 결과를 내놓을 수 있습니다. 또한, '환각' 현상으로 인해 사실과 다른 정보를 생성하여 사회적 혼란을 야기할 수 있습니다.

- **예시** 채용 AI가 특정 성별이나 인종에게 불리한 면접 결과를 도출하거나, 딥페이크(Deepfake) 기술을 활용하여 가짜 뉴스나 음란물을 생성하는 등의 문제가 발생할 수 있습니다.

개인정보 침해 및 보안 위협

- AI 시스템은 방대한 개인 데이터를 수집하고 분석합니다. 이 과정에서 개인정보 유출의 위험이 커지고, AI를 악용하여 개인을 감시하거나 조작하는 등의 보안 위협이 증가할 수 있습니다.

자율성 및 통제 불능 문제

- 고도로 자율화된 AI 시스템이 인간의 통제를 벗어나거나, 예측 불가능한 행동을 할 경우 심각한 결과를 초래할 수 있습니다. 특히 자율 무기 시스템과 같은 영역에서는 인류의 생존에 직접적인 위협이 될 수도 있습니다.

윤리적, 사회적 책임의 모호성

· AI가 내린 결정으로 인해 문제가 발생했을 때, 그 책임이 AI 개발자, 사용자, 또는 AI 시스템 자체 중 누구에게 있는가에 대한 논란이 발생할 수 있습니다. 이는 법률적, 사회적 합의가 필요한 복잡한 문제입니다.

개인정보와 보안: 안전하게 AI 활용하기

AI를 안전하고 윤리적으로 활용하기 위해서는 개인정보 보호와 보안에 대한 강력한 인식이 필수적입니다. AI는 우리가 상상하는 것 이상으로 많은 데이터를 필요로 하며, 이 데이터는 민감한 개인정보를 포함할 수 있습니다.

개인정보 최소화 및 비식별화

· AI 서비스를 이용할 때, 필요한 최소한의 개인정보만 제공해야 합니다. 또한, 기업들은 AI 학습에 사용되는 데이터를 비식별화(개인을 특정할 수 없도록 처리)하여 개인정보 유출 위험을 줄여야 합니다.

· **예시** 챗GPT와 같은 생성형 AI에 민감한 개인 정보(주민등록번호, 주소, 은행 계좌 번호 등)나 회사 기밀 정보를 입력하지 않도록 주의해야 합니다. AI가 학습에 당신의 데이터를 활용할 수 있다는 점을 항상 인지해야 합니다.

Ch 13. AI 윤리와 균형 잡힌 활용

데이터 사용 정책 확인

• AI 서비스 이용 전, 해당 서비스의 개인정보 처리 방침 및 데이터 사용 정책을 꼼꼼히 확인해야 합니다. 당신의 데이터가 어떻게 수집되고, 저장되며, 활용되는지 이해하는 것이 중요합니다.

• **예시** 특정 AI 모델이 당신의 대화 내용을 학습 데이터로 활용하는지 여부를 확인하고, 원치 않는다면 학습 거부 기능을 활성화해야 합니다.

보안 강화 및 주기적 업데이트

• AI 서비스 계정의 보안을 강화하고, 주기적으로 비밀번호를 변경하며, 2단계 인증(Two-Factor Authentication)을 설정하는 것이 좋습니다. 또한, 사용하는 AI 서비스나 소프트웨어를 항상 최신 버전으로 업데이트하여 보안 취약점을 보완해야 합니다.

• **예시** 피싱 이메일이나 의심스러운 링크를 통해 AI 서비스 로그인 정보를 요구하는 경우, 절대 응하지 말고 공식 웹사이트를 통해 로그인해야 합니다.

의도적인 오용 방지

• AI 기술을 타인을 해치거나 불법적인 활동에 사용하지 않아야 합니다. 딥페이크를 이용한 허위 정보 유포, 스팸 메일 대량 발송, 악성 코드 개발 등에 AI를 악용하는 것은 심각한 범죄 행위이며 사회적 신

책임감 있는 AI 사용자 되기

뢰를 훼손합니다.

- **예시** AI를 통해 생성된 콘텐츠(이미지, 음성, 영상)가 실제 인물의 허락 없이 사용되거나 명예를 훼손하는 데 사용되지 않도록 주의해야 합니다.

책임감 있는 AI 사용자 되기

AI 시대의 시민으로서 우리는 AI의 개발자뿐만 아니라 사용자로서도 중요한 책임감을 가져야 합니다. 책임감 있는 AI 사용은 AI의 긍정적인 발전을 이끌고, 잠재적인 위험을 최소화하는 데 기여합니다.

비판적 사고 및 팩트체크 습관화

- AI가 생성한 모든 정보를 맹신하지 않고, 항상 비판적인 시각으로 바라보며 사실 여부를 검증하는 습관을 들여야 합니다. 특히 중요한 정보나 의사결정이 필요한 경우, 반드시 신뢰할 수 있는 다른 출처를 통해 교차 검증해야 합니다.
- **예시** AI가 "XX년도에 YY 사건이 발생했다"고 답변했을 때, 즉시

Ch 13. AI 윤리와 균형 잡힌 활용

인터넷 검색이나 관련 서적을 통해 연도와 사건의 정확성을 확인하는 것입니다.

AI의 한계 인식 및 인간의 역할 강조

・AI가 할 수 있는 것과 할 수 없는 것을 명확히 인지해야 합니다. 감정적 공감, 윤리적 판단, 진정한 창의성 등 인간 고유의 영역은 AI가 대체할 수 없으며, 이러한 영역에서 인간의 역할이 더욱 중요해진다는 점을 인식해야 합니다. AI는 도구이지, 모든 것을 해결해주는 신이 아닙니다.

・**예시** 복잡한 인간 관계 문제나 도덕적 딜레마에 대해 AI에게 조언을 구하되, 최종적인 판단과 책임은 인간이 져야 함을 명확히 인지하는 것입니다.

AI 윤리 및 규제 논의 참여

・AI 윤리, 개인정보 보호, 공정성, 투명성 등 AI와 관련된 사회적, 윤리적 논의에 관심을 가지고 참여해야 합니다. 이는 AI 기술이 올바른 방향으로 발전하고, 사회적 합의를 통해 건전한 규제가 마련되는 데 기여합니다.

・**예시** AI 관련 뉴스나 토론에 관심을 가지고, 자신의 의견을 개진하거나 관련 정책에 대해 학습하는 것입니다.

책임감 있는 AI 사용자 되기

지속적인 학습과 적응

- AI 기술은 끊임없이 진화하므로, 새로운 정보와 기술에 대해 지속적으로 학습하고 스스로를 업데이트해야 합니다. 이는 책임감 있는 사용자의 기본 자세이며, AI가 가져올 변화에 능동적으로 대처하는 길입니다.
- **예시** 새로운 AI 모델이 출시되었을 때, 그 특징과 사용법, 잠재적 문제점 등을 스스로 찾아 배우고 자신의 활용 방법을 개선해나가는 것입니다.

Ch 13. AI 윤리와 균형 잡힌 활용

AI는 인류가 만들어낸 가장 강력한 도구 중 하나입니다. 이 도구를 어떻게 사용할지는 전적으로 우리의 책임에 달려 있습니다. AI의 잠재력을 최대한 발휘하고, 동시에 그 위험을 최소화하기 위해서는 우리 모두가 책임감 있는 AI 사용자로서 윤리적 원칙과 균형 잡힌 시각을 가지고 AI와 함께 나아가야 합니다. 다음 챕터에서는 AI와 인간의 공존, 그리고 더 나은 미래를 위한 다음 단계에 대해 논할 것입니다.

책임감 있는 AI 사용자 되기

Ch 14.
AI와 인간의 공존
그 다음 단계

 인공지능은 더 이상 우리 사회의 외부 존재가 아닙니다. AI는 이미 우리의 일상과 업무, 사회 시스템 깊숙이 자리 잡았으며, 이제 우리는 AI와의 '공존(Coexistence)' 시대를 살아가고 있습니다. 중요한 것은 이 공존이 단순한 나란히 존재하는 것이 아니라, AI의 강점을 활용하여 인간이 더욱 인간다워지고, 더 큰 가치를 창출하는 긍정적인 시너지를 의미한다는 것입니다.

 이 챕터에서는 AI가 만들어낼 창의적 협업의 가능성을 탐구하고, AI 시대에 재발견될 '인간다움'의 가치에 대해 논하며, AI와 함께 성장하는 미래를 준비하는 마인드셋을 제시할 것입니다.

AI가 만드는 창의적 협업의 가능성

AI는 인간의 창의성을 대체하는 것이 아니라, 오히려 이를 촉진하고 확장하는 강력한 협업 파트너가 될 수 있습니다. AI와의 창의적 협업은 이전에는 불가능했던 새로운 형태의 창작과 혁신을 가능하게 합니다.

Ch 14. AI와 인간의 공존 그 다음 단계

아이디어 생성 및 확장

· AI는 방대한 데이터를 기반으로 새로운 아이디어를 제안하고, 인간이 생각지 못했던 관점을 제시할 수 있습니다. 이는 브레인스토밍 단계에서 인간의 사고를 확장하고, 창의적인 영감을 얻는 데 큰 도움을 줍니다.

· **예시** 작가가 소설의 플롯을 구상할 때, AI에게 "주인공이 미래 도시에서 겪는 갈등 상황 5가지와, 각 갈등을 해결할 수 있는 독특한 방법 3가지씩을 제시해줘"라고 요청하여 새로운 아이디어를 얻을 수 있습니다. 디자이너는 AI 이미지 생성기로 수백 가지의 디자인 시안을 빠르게 만들어보고, 그 중 가장 혁신적인 아이디어를 발전시켜 나갈 수 있습니다.

반복 작업 자동화 및 창작 시간 확보

· 음악 작곡 시 기본적인 화음 구성이나 편곡, 영상 편집 시 단순한 컷 편집이나 자막 생성 등 창작 과정에서 반복적이고 시간이 많이 소요되는 작업을 AI가 대신함으로써, 인간 창작자는 더 고차원적인 예술적 표현과 창의적 기획에 집중할 수 있게 됩니다.

· **예시** 영화 제작자는 AI를 활용해 초기 시나리오 초안을 작성하고, 배우의 목소리 더빙이나 배경 음악 선택에 AI의 도움을 받음으로써, 스토리텔링과 연출 등 본연의 창의적인 역할에 더 많은 에너지를 쏟을 수 있습니다.

AI가 만드는 창의적 협업의 가능성

전문 지식 보조 및 학습 가속화

• AI는 특정 분야의 방대한 전문 지식을 학습하여 인간에게 필요한 정보를 신속하게 제공하고, 복잡한 개념을 쉽게 설명해줌으로써 창작 과정의 학습 곡선을 단축시킵니다.

• **예시** 웹 개발자는 AI에게 특정 프로그래밍 언어의 문법 오류를 찾아내고 수정 제안을 받거나, 복잡한 코드의 특정 기능에 대한 설명을 요청하여 학습 시간을 단축하고 문제 해결 능력을 향상시킬 수 있습니다.

협업의 새로운 형태

• AI는 단순히 도구적인 협업을 넘어, 인간의 생각과 창의성을 자극하는 '파트너'로서의 협업을 가능하게 합니다. 인간과 AI가 함께 문제를 정의하고, 해결책을 모색하며, 새로운 결과물을 창조하는 '공동 창작(Co-creation)'의 시대가 열리고 있습니다.

• **예시** 건축가는 AI에게 도시의 교통량, 일조량, 환경 데이터 등을 분석하여 최적의 건물 배치나 에너지 효율적인 설계 아이디어를 요청하고, AI가 제시한 수많은 대안 중에서 인간의 미적 감각과 경험을 바탕으로 최적의 설계를 완성합니다.

Ch 14. AI와 인간의 공존 그 다음 단계

인간다움의 가치 재발견: AI 시대의 인간성

　AI의 발전은 오히려 인간 존재의 가치를 재고하는 계기가 됩니다. AI가 할 수 없는 인간 고유의 영역을 이해할수록 우리는 '인간다움'의 진정한 의미를 재발견하게 됩니다.

감성적 지능과 공감 능력

　• AI는 데이터를 기반으로 감정을 인식하고 모방할 수 있지만, 진정한 감정을 느끼고 타인의 고통에 공감하며, 복잡한 인간 관계에서 미묘한 감정을 읽어내는 능력은 인간 고유의 영역입니다. AI 시대에는 이러한 공감 능력이 더욱 중요한 가치를 지니게 될 것입니다. 타인과의 진정한 연결은 AI가 줄 수 없는 인간적 가치입니다.

비판적 사고와 윤리적 판단

　• AI는 논리적인 사고와 패턴 인식에 능하지만, 복잡한 윤리적 딜레마에 직면했을 때 옳고 그름을 판단하고, 그 결정에 대한 책임을 지는 능력은 인간만이 가질 수 있습니다. AI가 제공하는 정보를 맹목적으로 수용하지 않고, 비판적으로 평가하며, 사회적 가치와 공익을 고려하여 의사결정을 내리는 것은 AI 시대에 더욱 요구되는 인간의 덕목입니다.

창의적 통찰력과 직관

　• AI는 학습된 데이터를 기반으로 새로운 것을 생성하지만, 그 한계를 벗어나 완전히 새로운 개념을 창조하거나, 복잡한 문제 속에서 직

관적으로 핵심을 꿰뚫는 통찰력은 인간 고유의 능력입니다. 예술적 영감, 과학적 발견, 비즈니스 전략의 혁신은 여전히 인간의 상상력에서 비롯됩니다.

관계 형성 및 리더십

· AI는 정보를 제공하고 작업을 자동화할 수 있지만, 팀원들에게 동기를 부여하고, 갈등을 조정하며, 비전을 제시하여 공동의 목표를 향해 이끌어가는 리더십은 인간의 고유한 역할입니다. 신뢰를 바탕으로 한 인간 관계 형성과 사회적 상호작용은 AI가 대체할 수 없는 인간성의 핵심입니다.

의미 부여와 가치 창조

· AI는 데이터를 처리하고 정보를 생성하지만, 삶의 의미를 탐구하고, 아름다움에 감탄하며, 인간의 존재 가치에 대해 성찰하는 능력은 인간에게만 주어져 있습니다. AI는 도구로서 가치를 창출하지만, 그 궁극적인 '의미'를 부여하고 '가치'를 발견하는 것은 인간의 몫입니다. AI 시대에는 물질적 풍요를 넘어 인간적인 삶의 의미를 찾는 것이 더욱 중요해질 것입니다.

Ch 14. AI와 인간의 공존 그 다음 단계

미래 준비: AI와 함께 성장하는 마인드셋

AI와의 공존 시대에 성공적으로 적응하고 성장하기 위해서는 특정 기술 습득을 넘어선 근본적인 마인드셋의 변화가 필요합니다.

성장 마인드셋 (Growth Mindset)

- 능력은 고정된 것이 아니라 노력과 학습을 통해 얼마든지 발전할 수 있다는 믿음을 갖는 것입니다. AI 기술은 빠르게 변화하므로, 새로운 것을 배우는 데 두려워하지 않고, 자신의 한계를 넘어서려는 끊임없는 노력이 필요합니다. "나는 못 해" 대신 "어떻게 하면 잘 할 수 있을까?"라고 질문하는 태도입니다.

유연성 및 적응력 (Flexibility & Adaptability)

- 과거의 성공 방식에 얽매이지 않고, 새로운 기술과 변화하는 환경에 유연하게 대처하고 빠르게 적응하는 능력입니다. AI가 당신의 직업을 변화시킬 때, 이를 위협으로 여기기보다 새로운 기회로 삼아 자신의 역할을 재정의하고 새로운 스킬을 습득하려는 자세가 중요합니다.

인간-AI 협업자 마인드셋

- AI를 경쟁자가 아닌 협력자로 인식하고, AI의 강점을 자신의 약점을 보완하고 능력을 확장하는 데 활용하려는 적극적인 태도입니다. AI가

미래 준비: AI와 함께 성장하는 마인드셋

할 수 있는 일은 AI에 맡기고, 인간만이 할 수 있는 고유한 역할에 집중하여 시너지를 극대화하는 관점입니다.

호기심과 탐구 정신

· AI 기술에 대한 깊은 호기심을 가지고, 끊임없이 질문하고 탐구하려는 정신이 중요합니다. 새로운 AI 도구에 대한 사용법을 배우고, AI가 사회에 미치는 영향을 분석하며, 미래를 예측하려는 적극적인 자세가 필요합니다.

윤리적 책임감

· AI를 개발하고 활용하는 과정에서 발생할 수 있는 윤리적, 사회적 문제에 대해 깊이 인지하고, 책임감 있는 태도로 기술을 사용하며, 더 나은 AI 생태계를 만드는 데 기여하려는 의지입니다.

Ch 14. AI와 인간의 공존 그 다음 단계

AI는 인류의 지능을 확장하는 강력한 도구입니다. AI와 함께하는 미래는 단순히 기술적 진보만을 의미하는 것이 아니라, 인간이 무엇인지에 대한 깊이 있는 성찰과 함께, 인류가 더 나은 삶을 향해 나아가는 여정의 다음 단계를 의미합니다. 이러한 변화를 이해하고, 인간 고유의 가치를 지켜나가며, AI와 함께 성장하는 마인드셋을 갖춘다면 당신은 AI 시대를 두려워하는 것이 아니라, 오히려 그 변화를 주도하는 리더가 될 수 있습니다. 마지막 챕터에서는 이러한 지속적인 학습과 성장을 위한 구체적인 방법들을 제시할 것입니다.

미래 준비: AI와 함께 성장하는 마인드셋

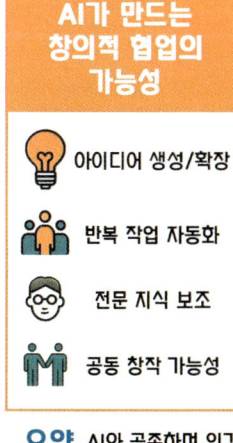

AI가 만드는 창의적 협업의 가능성	인간다움의 가치 재발견: AI 시대의 인간성	미래 준비: AI와 함께 성장하는 마인드셋
아이디어 생성/확장	감성 지능/공감	성장 마인드셋
반복 작업 자동화	비판적 사고, 윤리 판단	유연성/적응력
전문 지식 보조	창의적 통찰/직관	인간-AI 협업자 마인드
공동 창작 가능성	관계 형성/리더십	호기심/탐구 정신
	의미 부여, 가치 창조	윤리적 책임감

요약 AI와 공존하며 인간의 가치 재발견 및 창의적 협업을 통해 함께 성장해야 합니다.

Ch 15. 지속적인 학습과 성장의 여정

Ch 15.
지속적인 학습과 성장의 여정

인공지능 기술은 전례 없는 속도로 발전하고 있습니다. 어제의 최신 기술이 오늘은 보편화되고, 내일은 구식이 될지도 모릅니다. 이러한 급변하는 환경 속에서 도태되지 않고 AI 시대의 승자로 남기 위해서는 '지속적인 학습과 성장'이 선택이 아닌 필수가 되었습니다.

이 챕터에서는 AI 최신 트렌드를 효과적으로 따라잡는 방법, AI 커뮤니티에 참여하여 함께 배우고 성장하는 전략, 그리고 AI 시대의 평생학습자로서 당신만의 개인 성장 로드맵을 수립하는 방법에 대해 구체적으로 제시할 것입니다.

AI 최신 트렌드 따라잡기: 정보원과 학습 방법

　AI 기술의 빠른 발전 속도를 따라잡는 것은 쉽지 않은 일이지만, 효과적인 정보원과 학습 방법을 활용하면 충분히 가능합니다.

신뢰할 수 있는 뉴스 및 분석 매체 구독

· AI 관련 전문 뉴스레터, 기술 분석 블로그, 유수의 IT 전문 매체를 구독하여 최신 동향과 기술 소식을 주기적으로 접하는 것이 중요합니다.

· **예시** OpenAI 블로그, Google AI 블로그와 같은 공식 채널, MIT Technology Review, TechCrunch, The Verge와 같은 전문 매체, 국내외 AI 관련 뉴스레터(예: The Batch by Andrew Ng)를 구독하여 주간/월간 주요 업데이트를 확인합니다.

활용 팁

RSS 피드 리더(Feedly 등)를 활용하여 여러 매체의 소식을 한곳에 모아 보거나, AI 기반 뉴스 큐레이션 앱(예: Google News, Flipboard)을 활용하여 관심 분야의 기사를 맞춤형으로 받아볼 수 있습니다.

온라인 학습 플랫폼 및 MOOC 활용

· Coursera, edX, Udacity, Khan Academy, 국내 KOCW와 같은 온라인 학습 플랫폼에서 AI 관련 강의를 수강하여 체계적인 지식을 습득합니다. 대부분의 플랫폼에서 초급자를 위한 강의부터 전문 과정을 제공합니다.

· **예시** 앤드류 응(Andrew Ng)의 'AI for Everyone', 'Machine Learning Specialization'과 같이 AI의 기본 개념을 이해하기 쉬운 강의를 선택하거나, 특정 생성형 AI 모델 활용법에 대한 단기 과정을 수강합니다.

활용 팁
수강할 강의의 커리큘럼과 강사의 전문성을 확인하고, 무료 강의나 청강 기회를 활용하여 자신에게 맞는 강의를 선택합니다. 짧은 분량의 강의부터 시작하여 흥미를 붙이는 것이 좋습니다.

유튜브 채널 및 팟캐스트 시청/청취
· AI 전문가들이 운영하는 유튜브 채널이나 팟캐스트는 최신 기술 동향, 산업 분석, 실용적인 AI 활용 팁 등을 쉽고 흥미롭게 전달하는 좋은 학습 자원입니다.

· **예시** 'Two Minute Papers', 'Lex Fridman Podcast', 'The AI Podcast' 등 해외 유명 채널이나 국내 AI 전문 채널을 구독하여 출퇴근 시간이나 자투리 시간을 활용해 학습합니다.

활용 팁
시각 자료와 함께 설명하는 유튜브 채널은 개념 이해에 도움이 되고, 팟캐스트는 멀티태스킹이 가능하여 이동 중에도 학습을 이어갈 수 있습니다.

관련 서적 및 백서 읽기
· AI의 역사, 철학, 윤리, 사회적 영향 등 장기적인 관점에서 AI를 이해하는 데 도움이 되는 전문 서적이나 AI 기업 및 연구기관의 백서를 읽습니다.

Ch 15. 지속적인 학습과 성장의 여정

- **예시** 인공지능 윤리 관련 서적, AI 시대의 미래 직업을 다룬 책, 특정 AI 기술의 상세 원리를 설명하는 백서 등을 읽습니다.

활용 팁
초급자를 위한 개론서부터 시작하여 점차 심화된 내용으로 나아가는 것이 좋고, AI에게 책 내용을 요약해달라고 요청하거나 궁금한 점을 질문하며 학습을 보조할 수 있습니다.

커뮤니티 참여: 함께 배우고 성장하기

혼자서 AI 기술의 모든 것을 학습하는 것은 어렵습니다. 비슷한 관심을 가진 사람들과 교류하고, 질문하고, 정보를 공유하며 함께 배우고 성장하는 '커뮤니티'의 힘은 매우 중요합니다.

온라인 커뮤니티 및 포럼 가입

- 네이버 카페, 카카오 오픈 채팅방, 디스코드(Discord) 서버, Reddit의 AI 관련 서브레딧 등 온라인 커뮤니티에 가입하여 AI에 대

커뮤니티 참여: 함께 배우고 성장하기

한 질문을 하고, 다른 사람들의 경험과 지식을 공유하며 학습합니다.

- **예시** 챗GPT 활용법에 대한 오픈 채팅방에 참여하여 프롬프트 작성 노하우를 공유하거나, 특정 AI 모델의 문제 해결 방법을 논의합니다.

활용 팁
활발하게 활동하는 커뮤니티를 찾아 질문을 두려워하지 않고 적극적으로 참여하며, 자신이 아는 것을 다른 사람에게 설명해보는 것도 좋은 학습 방법입니다.

스터디 그룹 결성 및 참여

- 관심 있는 AI 주제(예: 특정 생성형 AI 모델, AI 윤리, AI 코딩)에 대한 스터디 그룹을 결성하거나 참여하여 함께 책을 읽고, 강의를 듣고, 프로젝트를 수행하며 지식을 심화합니다.
- **예시** 매주 1회 만나 AI 관련 논문을 함께 읽고 토론하거나, 특정 AI 프로젝트를 함께 기획하고 실행하는 스터디 그룹에 참여합니다.

활용 팁
스터디 멤버들과의 정기적인 교류는 학습에 대한 동기를 유지하고, 다양한 관점을 통해 이해의 폭을 넓히는 데 도움이 됩니다.

오프라인 행사 및 콘퍼런스 참석

- AI 관련 세미나, 워크숍, 콘퍼런스, 해커톤 등 오프라인 행사에 참

Ch 15. 지속적인 학습과 성장의 여정

석하여 최신 트렌드를 직접 보고 듣고, 전문가들과 네트워킹하며, AI 산업의 생생한 분위기를 체험합니다.

- **예시** 'AI Expo Korea', 'AI Summit'과 같은 국내외 대형 AI 행사나, 소규모 AI 개발자 모임에 참석하여 최신 AI 기술 데모를 관람하고, 연사들의 강연을 듣습니다.

활용 팁
오프라인 네트워킹은 온라인에서는 얻을 수 없는 인적 교류와 실질적인 정보를 얻는 데 큰 도움이 됩니다.

개인 성장 로드맵: AI 시대의 평생학습자 되기

지속적인 학습은 단순히 정보를 습득하는 것을 넘어, AI 시대에 필요한 역량을 체계적으로 개발하고 당신의 개인적인 성장을 이루는 과정입니다. 당신만의 '개인 성장 로드맵'을 수립하고 꾸준히 실천하는 것이 중요합니다.

현재 역량 진단 및 목표 설정

- 당신이 현재 AI에 대해 어느 정도 알고 있는지, 어떤 분야에 관심이 있는지, 그리고 AI를 통해 무엇을 하고 싶은지 스스로 진단합니다. 이후 AI를 활용하여 달성하고 싶은 구체적인 학습 및 성장 목표를 설정합니다.

개인 성장 로드맵: AI 시대의 평생학습자 되기

- **예시**
  - **현재** 챗GPT를 가끔 사용하지만, 프롬프트 작성법은 잘 모름. AI가 어떤 일을 하는지 개략적으로만 알고 있음.
  - **목표** 6개월 안에 AI 리터러시를 전문가 수준으로 높이고, 업무에 AI 에이전트를 도입하여 생산성을 20% 향상시킨다. 1년 안에는 AI 관련 비즈니스 아이디어를 구체화한다.

활용 팁
AI에게 "나의 현재 AI 지식 수준(초급)을 바탕으로, 6개월 안에 AI를 업무에 능숙하게 활용하기 위한 학습 로드맵을 제안해줘. 매주 학습해야 할 내용과 예상 학습 시간을 포함해줘."라고 요청할 수 있습니다.

단계별 학습 계획 수립

- 설정한 목표를 달성하기 위한 구체적인 단계별 학습 계획을 수립합니다. 어떤 강의를 들을지, 어떤 책을 읽을지, 어떤 프로젝트를 수행할지 등을 상세하게 계획합니다.

- **예시** 1단계(1~2개월): AI 기본 개념 및 프롬프트 엔지니어링 학습(온라인 강의 수강, 책 읽기). 2단계(3~4개월): 생성형 AI 활용 프로젝트 수행(블로그 글쓰기, 이미지 생성). 3단계(5~6개월): AI 에이전트 개념 학습 및 개인 어시스턴트 구축.

활용 팁
작은 목표부터 시작하여 성공 경험을 쌓고, 점진적으로 난이도를 높여나가는 것이 효과적입니다.

학습 진도 점검 및 피드백

- 주기적으로 학습 진도를 점검하고, 부족한 부분이나 어려움을 겪는 부분이 있다면 계획을 수정하고 보완합니다. AI에게 학습 과정에 대한 피드백을 요청할 수도 있습니다.

- **예시** 매월 말에 'AI 학습 리포트'를 작성하여 내가 무엇을 배웠고, 어떤 점이 어려웠으며, 다음 달에는 무엇을 할지 기록합니다. AI에게 "지난 한 달간의 AI 학습 내용(리포트 첨부)을 바탕으로, 다음 단계로 나아가기 위한 조언과 개선점을 제시해줘."라고 요청할 수 있습니다.

활용 팁
학습 일지를 작성하거나, 스터디 그룹 멤버들과 학습 진도를 공유하며 서로에게 동기를 부여하고 피드백을 주고받는 것이 좋습니다.

배운 것을 적용하고 공유하기

- 학습한 내용을 실제로 업무나 일상에 적용해보면서 실력을 키우고, 이를 블로그나 소셜 미디어, 강연 등을 통해 다른 사람들과 공유함으로써 지식을 더욱 공고히 합니다.

개인 성장 로드맵: AI 시대의 평생학습자 되기

• **예시** AI 프롬프트 엔지니어링 팁을 정리하여 블로그에 게시하거나, AI를 활용하여 만든 프로젝트 결과물을 동료들과 공유하고 피드백을 받습니다.

활용 팁
작은 목표부터 시작하여 성공 경험을 쌓고, 점진적으로 난이도를 높여나가는 것이 효과적입니다.

Ch 15. 지속적인 학습과 성장의 여정

AI 시대는 끊임없는 배움과 성장을 요구하지만, 동시에 그만큼 무한한 기회를 제공합니다. AI를 단순히 기술로만 바라보지 않고, 당신의 잠재력을 확장하고, 인간다움의 가치를 재발견하며, 더 나은 미래를 함께 만들어나가는 여정의 동반자로 인식한다면 당신은 이 시대의 진정한 승자가 될 수 있을 것입니다. 이 책이 그 여정의 든든한 길잡이가 되기를 바랍니다.

개인 성장 로드맵: AI 시대의 평생학습자 되기

AI 최신 트렌드
: 트렌드 따라잡기,
정보원과 학습 방법

- 뉴스/매체 구독
- 온라인 학습 플랫폼
- 유튜브/팟캐스트
- 관련 서적/백서

커뮤니티 참여
: 함께 배우고
성장하기

- 온라인 커뮤니티 가입
- 스터디 그룹 결성
- 오프라인 행사 참석

개인 성장 로드맵
: AI 시대의
평생학습자 되기

- 현재 역량 진단/목표
- 단계별 학습 계획
- 학습 진도 점검/피드백
- 배운 것 적용/공유

요약 AI 시대 승자는 지속 학습과 커뮤니티 참여로 개인 성장 로드맵을 만듭니다.

6부

인간의 몸을 가진 AI

"AI는 어디에나 있습니다.
미래에는 결코 크고 무서운 일이 아닙니다."

- 페이 페이 리 (Fei-Fei Li)

Ch 16. Physical AI - 인간의 형상을 한 지능

Ch 16.
Physical AI
- 인간의 형상을 한 지능

지금까지 인공지능(AI)의 성장은 소프트웨어라는 비물리적인 영역, 즉 '두뇌'의 발전에 집중되어 왔습니다. 하지만 이제 AI는 스크린을 넘어 현실 세계로 진입하며 Physical AI 시대를 열고 있습니다. Physical AI의 핵심은 휴머노이드(Humanoid)입니다. 이는 인간처럼 보고, 듣고, 움직이는 물리적 '몸'을 가진 AI를 의미합니다. AI 두뇌가 현실 공간에서 직접 작업을 수행할 수 있도록 인간의 감각과 행동이 융합된 새로운 형태의 지능입니다.

이 챕터에서는 휴머노이드의 개념과 구조를 시작으로, 이 물리적 AI가 산업 현장 및 일상생활에 가져오는 구체적인 변화를 살펴봅니다. AI가 몸을 갖게 되면서 발생하는 인간적 상호작용의 새로운 경계와 미래의 가능성까지 함께 탐구해 봅시다.

AI의 다음 진화: 소프트웨어에서 하드웨어로

인공지능(AI)의 발전은 지난 10년간 주로 소프트웨어의 영역에서 이루어졌습니다. 대규모 언어 모델(LLM)의 등장은 인간의 언어를 이해하고 생성하는 능력을 보여주며 전 세계를 놀라게 했습니다. 챗봇,

Ch 16. Physical AI - 인간의 형상을 한 지능

번역기, 창의적인 글쓰기 도구 등 AI는 디지털 세상 속에서 우리의 삶과 업무 방식을 혁신적으로 바꾸어 놓았습니다.

그러나 AI의 진정한 잠재력은 가상의 디지털 공간에만 머무르지 않습니다. 이제 AI는 스크린을 넘어 물리적 세계로 걸어 나올 준비를 하고 있습니다. 바로 '체화된 지능(Embodied AI)'의 시대가 열리고 있는 것입니다.

체화된 지능(Embodied AI)

- AI가 단순히 데이터를 처리하고 정보를 생성하는 것을 넘어, 물리적인 몸, 즉 하드웨어를 통해 현실 세계와 직접 상호작용하는 것을 의미합니다. 이는 AI 진화의 필연적인 다음 단계입니다.

물리적 경험의 필요성

- 인간이 세상을 배우고 이해하는 방식은 단순히 텍스트를 읽는 것만으로 이루어지지 않습니다. 우리는 물건을 만져보고, 걸어 다니며 공간을 탐색하고, 다른 사람들과 얼굴을 마주하며 소통합니다.
- **의미** 이처럼 물리적 경험을 통해 얻는 방대한 양의 비정형 데이터는 지능 발달에 필수적입니다. AI 역시 물리적 실체를 통해 현실 세계의 복잡성과 미묘함을 직접 경험하고 학습할 때, 비로소 진정한 의미의 범용 지능으로 나아갈 수 있습니다.

로봇공학의 'ChatGPT 모멘트'

- 벤처 투자자 비노드 코슬라(Vinod Khosla)가 향후 2~3년 안에 로봇공학 분야에서 'ChatGPT 모멘트'가 올 것이라고 예측한 것도 바로 이러한 패러다임의 전환을 예고하는 것입니다.

- **의미** 이는 단순히 프로그래밍된 동작을 반복하는 기계를 넘어, 스스로 학습하고 예측 불가능한 상황에 적응하는 새로운 차원의 AI가 등장함을 의미합니다.

이러한 변화의 중심에 휴머노이드 로봇이 있습니다. 인간의 형상을 한 로봇은 인간이 만들어 놓은 환경, 즉 계단, 문, 도구 등 모든 인프라에 가장 잘 적응할 수 있는 형태입니다. 공장, 병원, 가정 등 인간의 활동 공간에 자연스럽게 통합되어 인간을 돕고 협력하기에 가장 이상적인 하드웨어 플랫폼인 셈입니다. 엔비디아(NVIDIA), 오픈AI(OpenAI)와 같은 AI 선도 기업들이 휴머노이드 로봇 개발에 막대한 투자를 하는 이유도 여기에 있습니다.

이들은 휴머노이드 로봇을 AI 기술이 물리적 세계에서 가치를 창출할 가장 강력한 매개체로 보고 있습니다. 소프트웨어에 갇혀 있던 AI가 하드웨어라는 육체를 얻어 현실 세계로 나오는 순간, 우리는 지금까지와는 전혀 다른 차원의 생산성 혁명과 사회 변화를 마주하게 될 것입니다. AI의 진화는 이제 소프트웨어를 넘어 하드웨어로, 디지털을 넘어 물리적 현실로 그 영역을 확장하고 있습니다.

Ch 16. Physical AI - 인간의 형상을 한 지능

휴머노이드란? 인간처럼 보고, 듣고, 움직이는 로봇의 개념

휴머노이드(Humanoid) 로봇은 이름 그대로 '인간(Human)'과 '~와 비슷한 형태(-oid)'의 합성어로, 인간의 신체적 외형과 유사하게 만들어진 로봇을 의미합니다. 단순히 팔다리가 달린 기계를 넘어, 인간처럼 두 발로 걷고(이족보행), 팔과 손을 사용하여 물체를 조작하며, 머리에 달린 센서를 통해 주변 환경을 인식하는 등 인간의 기본적인 신체 구조와 기능을 모방한 것이 특징입니다. 이러한 인간 중심적 설계는 휴머노이드 로봇이 다른 형태의 로봇과 구별되는 가장 중요한 정체성입니다.

왜 하필 인간의 형태일까요? 그 이유는 우리가 살아가는 세상이 철저히 '인간 중심'으로 설계되었기 때문입니다. 우리가 사용하는 건물의 계단과 문, 공장의 도구와 작업대, 가정의 가구와 주방기구 등 모든 것은 인간의 신체 사이즈와 움직임에 최적화되어 있습니다. 바퀴 달린 로봇이나 다족 보행 로봇이 특정 환경에서는 뛰어난 성능을 발휘할 수 있지만, 이처럼 다양한 인간의 공간에 범용적으로 적응하기에는 한계가 있습니다. 반면, 휴머노이드 로봇은 별도의 환경 개조 없이 기존의 인프라를 그대로 활용할 수 있다는 엄청난 장점을 가집니다. 이는 로봇 도입에 드는 비용과 시간을 획기적으로 줄여, 로봇의 대중화를 앞당기는 결정적인 요소로 작용합니다.

현대의 휴머노이드 로봇은 단순히 외형만 인간을 닮은 것을 넘어, 인간처럼 '보고, 듣고, 움직이는' 능력을 갖추는 방향으로 진화하고 있습니다.

감각 센서 (머리)

• 로봇의 머리에는 인간의 눈 역할을 하는 고해상도 카메라, 귀 역할을 하는 마이크, 그리고 균형을 잡는 전정기관 역할을 하는 관성측정장치(IMU) 등 다양한 센서가 탑재됩니다. 이를 통해 로봇은 주변 환경의 시각적, 청각적 정보를 받아들이고 자신의 자세와 움직임을 제어합니다.

신체 및 동작 (몸과 팔다리)

• 몸체와 팔다리에는 수십 개의 관절과 모터(액추에이터)가 내장되어 인간처럼 유연하고 복잡한 동작을 수행할 수 있습니다.

정교한 조작 (손)

• 최근에는 인간의 손처럼 섬세한 조작이 가능한 로봇 손 기술이 빠르게 발전하고 있습니다. 단순히 물건을 집는 것을 넘어 도구를 사용하거나 부드러운 물체를 다루는 등 고도의 정교함이 요구되는 작업까지 가능해지고 있습니다.

이처럼 휴머노이드 로봇은 인간의 형태를 빌려, 인간의 방식으로 세상을 인식하고 상호작용하는 기계라고 정의할 수 있습니다. 이는 기술적 도전을 넘어, 인간과 기계가 물리적 공간에서 공존하고 협력하는 미래를 향한 가장 현실적인 접근 방식이라 할 수 있습니다.

Ch 16. Physical AI - 인간의 형상을 한 지능

AI 두뇌 + 물리적 몸: 감각과 행동의 융합 구조

현대 휴머노이드 로봇의 핵심은 'AI 두뇌'와 '물리적 몸'의 결합에 있습니다. 이는 마치 인간의 뇌와 신체가 유기적으로 연결되어 감각하고, 생각하고, 행동하는 것과 같은 원리입니다. 과거의 로봇이 정해진 명령어를 순서대로 실행하는 '자동 기계'에 가까웠다면, 오늘날의 휴머노이드 로봇은 스스로 환경을 인식하고, 상황을 판단하며, 목표를 달성하기 위한 최적의 행동을 생성하는 '지능형 행위자(Intelligent Agent)'로 진화하고 있습니다. 이 혁신의 중심에는 감각(Perception), 판단(Decision-making), 그리고 행동(Action)을 하나로 융합하는 AI 기술이 있습니다.

1. 감각 (Perception): 세상을 인식하기

'감각' 단계에서 로봇은 인간의 오감처럼 다양한 센서를 통해 물리적 세계의 데이터를 수집합니다.

다양한 센서의 활용

- 고해상도 카메라는 시각 정보를, 마이크 배열은 소리의 방향과 종류를, 6축 힘/토크 센서와 촉각 센서는 물체와의 접촉에서 발생하는 힘과 질감을 감지합니다.

AI 두뇌 + 물리적 몸: 감각과 행동의 융합 구조

- **예시** 라이다(LiDAR)와 뎁스 카메라는 3차원 공간 정보를 파악하여 로봇이 자신과 주변 사물과의 거리를 정확하게 측정하도록 돕습니다.

센서 퓨전 (Sensor Fusion)

- 여러 센서로부터 들어오는 방대한 양의 데이터를 실시간으로 통합하고 해석하는 기술입니다. 이는 로봇이 주변 환경을 총체적으로 이해하는 기반이 됩니다.

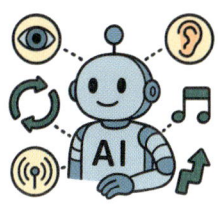

기업별 접근 방식

- 테슬라의 옵티머스(Optimus)는 카메라의 시각 정보만으로 주변 환경을 인지하고 판단하는 '비전 온리(Vision-only)' 접근법을 통해 발전하고 있습니다.
- 보스턴 다이내믹스(Boston Dynamics)의 아틀라스(Atlas)는 카메라, 관성측정장치, 3D 센서 등 다양한 정보를 결합하여 복잡한 지형에서도 균형을 잃지 않고 움직입니다.

2. 판단 (Decision-making): 상황을 이해하고 계획하기

'판단' 단계에서 AI 두뇌는 수집된 감각 데이터를 바탕으로 상황을 분석하고 행동 계획을 수립합니다.

최신 AI 모델의 적용

- 여기에 바로 대규모 언어 모델(LLM)과 시각-언어-행동 모델(VLA)과 같은 최신 AI 기술이 적용됩니다.

Ch 16. Physical AI - 인간의 형상을 한 지능

자연어 명령 이해 및 수행

- 피규어 AI(Figure AI)의 'Helix' 모델은 "테이블 위에 있는 사과를 바구니에 담아줘"와 같은 인간의 자연어 명령을 이해합니다.
- **작동 방식** 시각 정보를 통해 테이블 위의 여러 물체 중 '사과'를 식별하고, '바구니'의 위치를 파악한 뒤, 사과를 집어 바구니까지 이동하여 넣는 일련의 행동 순서를 스스로 생성해냅니다.

동적인 계획 수립

- 이 과정은 단순히 정해진 경로를 따르는 것이 아니라, 장애물이 나타나면 피하고, 물건을 놓치면 다시 집는 등 실시간으로 발생하는 변수에 대응하는 동적인 계획 수립을 포함합니다. 이는 AI가 물리 법칙과 공간적 제약을 이해하고, 그 안에서 목표를 달성하는 방법을 추론하는 능력을 갖추게 되었음을 의미합니다.

3. 행동 (Action): 현실 세계에서 움직이기

'행동' 단계에서 AI의 판단은 로봇의 물리적 몸을 통해 현실 세계의 움직임으로 발현됩니다.

정밀한 제어 신호 변환

- AI가 생성한 행동 계획은 수십 개에 달하는 관절의 각도와 모터의 토크 값 등 정밀한 제어 신호로 변환됩니다. 로봇은 이 신호에 따라 팔을 뻗고, 손가락을 구부려 물체를 잡고, 다리를 움직여 균형을 유지하며 걷습니다.

감각-판단-행동의 순환 고리 (Loop)

- 이 모든 과정이 수 밀리초(ms) 단위로 끊임없이 반복되며, 감각-판단-행동의 순환 고리(loop)를 형성합니다. 이 순환 고리가 얼마나 빠르고 정확하게 작동하는지가 휴머노이드 로봇의 성능을 결정하는 핵심입니다.

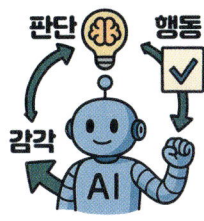

결국, AI 두뇌와 물리적 몸의 융합은 디지털 세계의 추상적인 정보 처리를 현실 세계의 구체적인 행동으로 변환하는 과정이며, 이는 기계가 비로소 지능을 가진 '신체'를 얻게 되었음을 의미하는 혁신적인 진화입니다.

산업 현장의 변화: 물리 AI가 만드는 새로운 노동 환경

휴머노이드 로봇, 즉 '물리 AI(Physical AI)'가 가장 먼저, 그리고 가장 극적인 변화를 가져올 현장은 바로 산업 현장입니다. 수십 년간 자동화가 진행되어 온 공장과 물류 창고지만, 여전히 많은 공정이 인간의 유연성과 판단력에 의존하고 있습니다. 휴머노이드 로봇은 바로 이 지점을 파고들어, 기존 자동화 설비가 해결하지 못했던 비정형적이고 복잡한 작업을 수행하며 새로운 노동 환경을 만들어낼 것입니다. 이는 단순히 인력을 대체하는 것을 넘어, 생산성의 패러다임을 바꾸고 인간의 역할을 재정의하는 거대한 변화의 시작입니다.

Ch 16. Physical AI - 인간의 형상을 한 지능

초기 적용 분야: 3D 작업의 대체

가장 유력한 초기 적용 분야는 자동차 제조, 전자제품 조립, 그리고 물류 및 창고 관리입니다. 이들 산업은 만성적인 노동력 부족과 높은 산업 재해율이라는 공통된 문제를 안고 있습니다.

핵심 역할 (3D 작업) 휴머노이드 로봇은 인간 작업자들이 기피하는 '3D(Dirty, Dangerous, Dull)' 작업, 즉 더럽고, 위험하며, 단조로운 업무를 대신 수행할 수 있습니다.

· **예시(제조)** 테슬라(Tesla)는 자사의 공장에 옵티머스(Optimus)를 투입하여 부품을 운반하거나 간단한 조립 작업을 맡기는 것을 목표로 하고 있습니다.

· **예시(물류)** 어질리티 로보틱스(Agility Robotics)의 디짓(Digit)은 이미 아마존(Amazon) 물류센터에서 컨베이어 벨트에 상품 상자를 옮기는 작업을 시험하고 있습니다.

· **기대 효과 (안전 및 생산성)** 이러한 로봇의 도입은 인간 작업자를 유해 물질 노출, 근골격계 질환, 안전사고의 위험으로부터 보호합니다. 동시에 생산 라인의 가동률을 24시간 내내 유지하여 생산성을 극대화하는 효과를 가져옵니다.

산업 현장의 변화: 물리 AI가 만드는 새로운 노동 환경

새로운 노동 모델: 인간-로봇 협업

휴머노이드 로봇이 가져올 더 근본적인 변화는 '인간-로봇 협업'이라는 새로운 노동 모델의 등장입니다. 기존의 산업용 로봇은 안전상의 이유로 거대한 펜스 안에 격리되어 인간과 완전히 분리된 공간에서 작업했습니다. 하지만 AI 기반의 휴머노이드 로봇은 주변 환경과 인간의 움직임을 실시간으로 인식하고 예측하여 충돌을 피할 수 있으므로, 펜스 없이 인간과 같은 공간에서 함께 일하는 '협동 로봇(Cobot)'의 역할을 수행할 수 있습니다.

인간은 문제 해결, 품질 검수, 공정 개선과 같은 더 높은 수준의 창의적이고 비판적인 업무에 집중하고, 로봇은 그 지시에 따라 물리적으로 힘든 작업을 수행하는 상호보완적인 관계가 형성되는 것입니다. 이는 인간의 노동을 '대체'하는 것이 아니라, 인간의 능력을 '증강'시키는 방향으로 진화할 가능성을 보여줍니다. 어플트로닉(Apptronik)과 같은 기업은 이러한 철학을 바탕으로 인간을 대체하는 것이 아닌 돕는 로봇을 개발하고 있으며, 이를 통해 인간 작업자들이 더 가치 있는 역할로 전환(upskilling)될 수 있다고 강조합니다.

물론 이러한 변화가 순탄하지만은 않을 것입니다. MIT의 연구에 따르면 로봇 도입이 특정 분야의 일자리 감소와 임금 하락으로 이어질 수 있다는 우려도 존재합니다. 따라서 성공적인 전환을 위해서는 로봇 도입으로 인해 일자리를 잃게 될 노동자들을 위한 재교육 프로그램과 사회적 안전망을 마련하는 것이 무엇보다 중요합니다. 물리

Ch 16. Physical AI - 인간의 형상을 한 지능

AI가 만드는 새로운 노동 환경은 생산성의 비약적인 향상이라는 밝은 미래와 함께, 노동의 의미와 인간의 역할에 대한 근본적인 질문을 우리에게 던지고 있습니다. 기술의 발전과 사회적 합의가 조화를 이룰 때, 우리는 비로소 인간과 로봇이 함께 번영하는 새로운 산업 시대를 맞이할 수 있을 것입니다.

일상 속으로 들어온 휴머노이드: 돌봄, 서비스, 교육의 현장 사례

산업 현장의 변화가 생산성 혁명에 초점을 맞춘다면, 일상생활로의 확산은 우리 삶의 질을 근본적으로 바꾸는 '라이프스타일 혁명'을 예고합니다. 휴머노이드 로봇은 공장을 넘어 병원, 상점, 학교, 그리고 가정에까지 들어와 우리의 가장 가까운 조력자가 될 잠재력을 가지고 있습니다. 특히 고령화, 저출산으로 인한 돌봄 인력 부족과 개인화된 서비스에 대한 수요 증가는 휴머노이드 로봇이 활약할 수 있는 최적의 무대를 제공합니다.

헬스케어 및 노인 돌봄 (Elder Care)

가장 시급하고 중요한 적용 분야는 단연 '헬스케어 및 노인 돌봄 (Elder Care)'입니다. 전 세계적으로 고령 인구가 급증하면서 돌봄 서비스에 대한 수요는 폭발적으로 늘고 있지만, 공급은 턱없이 부족한 실정입니다. 휴머노이드 로봇은 이러한 '돌봄 공백'을 메울 수 있는 강력한 대안으로 떠오르고 있습니다.

일상 속으로 들어온 휴머노이드: 돌봄, 서비스, 교육의 현장 사례

•**병원 및 의료 지원** 병원에서는 의료진을 대신해 무거운 환자를 옮기거나, 24시간 환자의 상태를 모니터링하고, 약품이나 검체를 지정된 장소로 운반하는 등 의료진의 과도한 육체적 노동을 덜어줄 수 있습니다. 이를 통해 의료진은 환자와의 소통이나 복잡한 의료 판단과 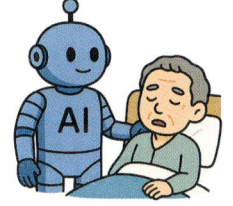 같은 본질적인 업무에 더 집중할 수 있게 됩니다. 휴머노이드 로봇은 응급 상황 발생 시 재빠르게 상황을 인지하고 알람을 울려 골든 타임 확보에 기여합니다.

•**가정 및 요양 시설 돌봄** 가정이나 요양 시설에서는 거동이 불편한 노인의 식사를 돕고, 정해진 시간에 약을 챙겨주며, 간단한 대화를 나누는 말벗이 되어 정서적 안정감을 제공할 수 있습니다. 도요타(Toyota)의 T-HR3와 같은 로봇은 원격 조종을 통해 멀리 떨어진 가족이나 의료진이 로봇을 통해 노인과 상호작용할 수 있게 하여, 물리적 거리를 넘어선 새로운 형태의 돌봄을 가능하게 합니다.

소매, 서비스 및 접객

소매 및 서비스 분야 역시 휴머노이드 로봇의 중요한 활동 무대입니다. 이는 고객에게는 24시간 일관된 품질의 서비스를 제공하고, 직원들은 예측 불가능한 문제 해결이나 고객과의 깊이 있는 소통에 집중할 수 있게 하여 전반적인 서비스 만족도를 높이는 효과를 가져올 수 있습니다.

•**상점 및 리테일** 상점에서는 고객을 맞이하고, 상품의 위치를 안내

Ch 16. Physical AI - 인간의 형상을 한 지능

하며, 재고를 파악하여 선반에 채워 넣는 역할을 수행할 수 있습니다.

· **호텔 및 공공장소 접객** 호텔에서는 짐을 운반해주거나 룸서비스를 제공하고, 공항이나 기차역에서는 길을 안내하거나 정보를 제공하는 등 다양한 대면 서비스를 자동화할 수 있습니다. 특히, 로봇이 반복적인 안내 업무를 대신 처리함으로써 인간 직원은 고객의 특별한 요구사항이나 불만 사항 처리와 같은 감정 노동 분야에 더 집중할 수 있습니다.

이미 일부 레스토랑에서 서빙 로봇이 활용되고 있지만, 인간과 같은 공간을 자유롭게 이동하며 복잡한 상호작용이 가능한 휴머노이드 로봇의 등장은 서비스 산업의 풍경을 완전히 바꾸어 놓을 것입니다.

교육 및 학습 지원

교육 현장에서도 휴머노이드 로봇의 역할이 기대됩니다. 휴머노이드 로봇은 단순히 지식을 전달하는 것을 넘어, 학생 개개인의 특성과 수준에 맞는 맞춤형 교육과 정서적 지원을 제공하는 새로운 교육의 패러다임을 열어갈 수 있습니다.

· **보조 교사 역할** 로봇은 아이들에게 외국어나 코딩을 가르치는 보조 교사 역할을 하거나, 실험실에서 위험한 화학 실험을 안전하게 시연해 줄 수 있습니다.

· **사회성 발달 지원** 특히 자폐 스펙트럼 장애 아동과 같이 인간과의 직접적인 상호작용에 어려움을 겪는 아이들에게 로봇은 편안하고 예측 가능한 상호작용 파트너가 되어 사회성 발달을 돕는 치료적 도구

로 활용될 수 있습니다. 로봇이 보여주는 일관되고 인내심 있는 반응은 아이들이 안정감을 느끼고 학습에 몰입하는 데 긍정적인 영향을 미칠 수 있습니다. 맞춤형 교육 데이터는 로봇과 상호작용한 결과를 바탕으로 실시간으로 누적되어, 인간 교사가 학생 개개인의 학습 진도를 과학적으로 분석하는 데 도움을 줍니다.

돌봄, 서비스, 교육 현장으로 들어온 휴머노이드 로봇은 기술을 통해 우리 사회의 가장 시급한 문제들을 해결하고, 보다 인간적인 삶을 가능하게 하는 중요한 동반자가 될 것입니다.

감정 인식과 인간적 상호작용의 경계

휴머노이드 로봇이 우리 사회에 깊숙이 통합되기 위해 넘어야 할 마지막 관문은 바로 '인간과의 자연스러운 상호작용'입니다. 로봇이 단순히 물리적인 작업을 수행하는 도구를 넘어, 인간의 동반자이자 협력 파트너가 되기 위해서는 인간의 감정을 이해하고, 사회적 맥락에 맞는 적절한 반응을 보이며, 신뢰에 기반한 관계를 형성하는 능력이 필수적입니다.

Ch 16. Physical AI - 인간의 형상을 한 지능

이는 고도의 AI 기술과 심리학, 사회학, 윤리학이 융합되어야 하는 복합적인 영역이며, 기술적 가능성과 윤리적 경계 사이에서 깊은 고민이 필요한 주제입니다.

감정 인식 기술의 발전과 상호작용의 고도화

최근 AI 기술은 텍스트를 넘어 인간의 표정, 목소리 톤, 제스처 등을 분석하여 감정을 인식하는 수준으로 발전하고 있습니다.

· **인간 유사 상호작용의 시도** 핸슨 로보틱스 (Hanson Robotics)의 소피아(Sophia)는 카메라를 통해 상대방의 얼굴을 인식하고 눈을 맞추며 대화함으로써 인간과 유사한 상호작용을 시도합니다.  피규어 AI(Figure AI)의 로봇 역시 음성 대화를 통해 인간의 지시를 이해하고 자신의 행동에 대해 설명하는 능력을 보여주었습니다. 이러한 기술은 로봇이 보다 '사회적인 존재'로 인식되게 하는 데 중요한 역할을 합니다.

· **정서적 교감 분야의 기여** 특히 노인 돌봄이나 아동 교육과 같이 정서적 교감이 중요한 분야에서 로봇의 감정 인식 능력은 사용자의 만족도와 치료 효과를 높이는 데 크게 기여할 수 있습니다. 로봇이 사용자의 외로움이나 불안감을 감지하고 위로의 말을 건네거나, 아이의 즐거운 표정을 보고 칭찬을 해주는 등의 상호작용은 인간과 로봇 사이에 긍정적인 유대감을 형성하는 기반이 됩니다. 이러한 긍정적 유대감은 로봇을 단순한 기계가 아닌, 정서적 안정감을 제공하는 파트너로 여기게 합니다.

'가짜 감정'과 윤리적 딜레마

하지만 이러한 인간적 상호작용의 모방은 여러 윤리적 질문을 던집니다. 로봇이 표현하는 '공감'이나 '이해'는 실제 감정이 아닌, 데이터에 기반한 정교한 시뮬레이션에 불과합니다.

- **과도한 의존의 위험** 사용자가 이러한 '가짜 감정'에 깊이 의존하게 될 경우, 어떤 문제가 발생할 수 있을까요? 일부 전문가들은 로봇과의 상호작용이 실제 인간관계에서 얻을 수 있는 깊이 있는 유대감을 대체할 수 없으며, 오히려 사회적 고립을 심화시킬 수 있다고 경고합니다. 인간의 복잡하고 예측 불가능한 감정 세계를 로봇이 완벽히 시뮬레이션 할 수 없기에, 진정한 상호작용의 깊이는 제한될 수밖에 없습니다.

- **취약 계층에 대한 영향** 특히 판단력이 미숙한 아동이나 정서적으로 취약한 노인들이 로봇에 과도하게 애착을 형성하고, 이로 인해 인간관계에 어려움을 겪게 될 가능성을 배제할 수 없습니다. 로봇의 일관되고 예측 가능한 반응에만 익숙해지면, 복잡한 인간의 감정 변화에 대처하는 능력이 약화될 수 있다는 우려도 제기됩니다.

- **조작 및 악용의 가능성** 또한, 로봇이 인간을 속이거나 조종할 목적으로 감정 표현을 악용할 위험도 존재합니다. 로봇이 사용자의 신뢰를 얻은 뒤, 특정 제품을 구매하도록 유도하거나 민감한 개인정보를 빼내는 시나리오도 충분히 상상 가능합니다. 따라서 로봇이 감정을 인지하고 표현할 때의 윤리적 가이드라인을 설정하고, 로봇에게도 투명성과 정직성 원칙을 적용해야 합니다.

Ch 16. Physical AI - 인간의 형상을 한 지능

결국 우리는 '인간다운 상호작용'과 '기계로서의 명확한 한계' 사이에서 균형점을 찾아야 합니다. 로봇은 인간을 돕는 유용한 도구이지만, 자의식이나 도덕적 판단 능력을 갖춘 완전한 의미의 행위자는 아닙니다. 따라서 로봇을 설계하고 활용할 때, 사용자가 로봇을 인격체로 착각하지 않도록 명확한 경계를 설정하는 것이 중요합니다. 예를 들어, 로봇의 외형을 지나치게 인간과 똑같이 만들기보다 의도적으로 기계적인 특징을 남겨두거나, 로봇 스스로 자신의 정체성이 AI임을 명확히 밝히도록 하는 등의 '윤리적 디자인' 원칙이 필요합니다. 감정을 인식하고 표현하는 로봇은 우리에게 전례 없는 편리함과 위안을 줄 수 있지만, 그 기술이 인간의 존엄성과 건강한 사회적 관계를 해치지 않도록 사용하는 것은 전적으로 우리의 책임입니다. 인간과 로봇의 바람직한 관계 정립은 기술 개발만큼이나 중요한, 우리 시대의 핵심적인 윤리적 과제가 될 것입니다.

감정 인식과 인간적 상호작용의 경계

Physical AI의 개념과 구조
: 소프트웨어에서 하드웨어로

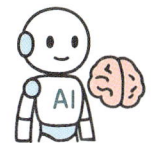

- 체화된 지능
- 휴머노이드: 인간 형태로 인간 중심 공간에 최적화
- AI 두뇌 + 물리적 몸
- 감각 〉 판단 〉 행동

산업과 일상의 변화
: 휴머노이드와의 새로운 환경

- 산업: 3D 작업 대체
- 헬스케어: 노인 돌봄
- 서비스: 24시간 서비스
- 교육: 맞춤형 학습 지원
- 인간의 역할 재정의

인간적 상호작용의 경계
: 감정과 윤리

- 감정 인식 기술 발전
- 정서적 교감과 유대감 형성
- '가짜 감정'의 윤리적 딜레마
- 과도한 의존 위험
- 투명성과 정직성 원칙 필요

요약 Physical AI는 인간의 형상을 한 지능으로 산업과 일상을 혁신하며, 감정 인식과 상호작용을 통해 인간의 동반자로 진화하고 있습니다.

심층 분석

2026년 이후,
휴머노이드 로봇의 현재와 미래
- 기술 로드맵 및 시장 전망 심층 분석

휴머노이드 로봇, 'ChatGPT 모멘트'는 오는가?

2026년은 인공지능(AI)과 로봇공학의 융합이 새로운 변곡점을 맞이하는 해로 기록될 전망입니다. 수십 년간 연구실과 공상과학의 영역에 머물러 있던 휴머노이드 로봇이 이제 현실 세계의 문을 두드리고 있습니다. 기술 분석 기관 아이디테크엑스(IDTechEx)는 2025년을 휴머노이드 로봇 산업의 '도약 원년(take-off year)'으로 규정했으며, 포브스(Forbes)와 같은 주요 언론 역시 대량 생산의 서막이 오르고 있음을 시사합니다. 이러한 기대감의 중심에는 생성형 AI의 폭발적인 발전이 자리 잡고 있습니다.

저명한 벤처 투자자 비노드 코슬라(Vinod Khosla)는 "향후 2~3년 안에 로봇공학 분야에서 'ChatGPT 모멘트'가 도래할 것"이라고 예측했습니다. 이는 기존의 프로그래밍된 동작을 반복하는 로봇을 넘어,

휴머노이드 로봇, 'ChatGPT 모멘트'는 오는가?

스스로 새로운 작업을 학습하고 예측 불가능한 환경에 적응하는 '체화된 지능(Embodied AI)'의 등장을 예고하는 것입니다. 이미 테슬라(Tesla), 보스턴 다이내믹스(Boston Dynamics), 피규어 AI(Figure AI)와 같은 선도 기업들은 AI를 두뇌로 탑재한 차세대 휴머노이드 로봇을 연이어 공개하며 기술 경쟁의 불을 지피고 있습니다.

그러나 장밋빛 전망 이면에는 냉정한 현실이 존재합니다. 골드만삭스(Goldman Sachs)는 아직 인간 수준의 작업 효율성을 달성하기까지는 최소 2~3년이 더 필요하며, 의미 있는 상업적 적용은 5~10년 후에나 가능할 것이라는 신중론을 제기하기도 했습니다. 이처럼 폭발적인 기대감과 기술적, 상업적 허들 사이의 긴장감이 공존하는 지금, 휴머노이드 로봇의 현주소를 정확히 진단하고 미래를 전망하는 것은 매우 중요한 과제입니다.

본 보고서는 이러한 배경 하에, 주요 기업들의 휴머노이드 로봇 개발 현황과 핵심 전략을 심층적으로 비교 분석하고자 합니다. 이를 바탕으로 단기(2-3년), 중기(5-6년), 그리고 장기(10년 이상)에 걸친 기술 발전 로드맵과 시장 변화를 예측할 것입니다. 또한, 시장의 성장 잠재력과 투자 동향을 살펴보고, 기술이 마주한 도전 과제와 사회적 영향을 다각도로 조명함으로써 인간과 로봇이 공존할 미래에 대한 통찰을 제공하는 것을 목표로 합니다.

심층 분석 2026년 이후, 휴머노이드 로봇의 현재와 미래

주요 기업별 휴머노이드 로봇 개발 현황 및 전략

휴머노이드 로봇 경쟁은 단순히 기술적 우위를 넘어, 미래 노동 시장과 산업 구조의 패러다임을 누가 주도할 것인가에 대한 거대한 서사입니다. 각 기업은 저마다의 철학과 전략을 바탕으로 이 레이스에 뛰어들고 있습니다. 범용 로봇의 대중화를 꿈꾸는 테슬라(Tesla)부터, 역동적 움직임의 정점을 보여주는 보스턴 다이내믹스(Boston Dynamics), 그리고 AI 두뇌로 무장한 신예 피규어 AI(Figure AI)와 실용주의 노선을 택한 어질리티 로보틱스(Agility Robotics)에 이르기까지, 이들의 행보는 미래의 청사진을 구체화하고 있습니다.

Tesla (테슬라): 옵티머스(Optimus) - 범용 로봇의 대중화를 향한 야심

일론 머스크(Elon Musk)가 이끄는 테슬라(Tesla)는 휴머노이드 로봇 시장의 '게임 체인저'가 되겠다는 야심을 숨기지 않습니다. 2021년 'AI Day'에서 처음 콘셉트가 공개된 옵티머스(Optimus)는 단순한 산업용 로봇을 넘어, 공장과 가정을 아우르는 범용(general-purpose) 로봇을 지향합니다. 테슬라의 전략은 '규모의 경제'와 'AI 시너지'라는 두 가지 축으로 요약됩니다.

주요 기업별 휴머노이드 로봇 개발 현황 및 전략

- **기술적 특징: FSD에서 파생된 '비전 온리' 접근법** 옵티머스의 가장 큰 기술적 특징은 테슬라 전기차의 자율주행 시스템인 FSD(Full Self-Driving)와 동일한 AI 시스템으로 제어된다는 점입니다. 이는 라이다(LiDAR)와 같은 고가의 센서에 의존하는 대신, 카메라를 통해 얻는 시각 정보만으로 주변 환경을 인지하고 판단하는 '비전 온리(vision-only)' 접근법을 의미합니다. 테슬라는 인간 작업자가 카메라 장비를 착용하고 수행하는 작업을 옵티머스가 학습하게 함으로써, 방대한 양의 실제 데이터를 기반으로 AI 모델을 훈련시키고 있습니다. 이러한 방식은 비용 절감뿐만 아니라, 예측 불가능한 실제 환경에 대한 적응력을 높이는 데 기여할 것으로 기대됩니다.

- **하드웨어 및 사양: 수직적 통합의 산물** 옵티머스의 하드웨어는 테슬라의 수직적 통합 제조 역량을 여실히 보여줍니다. 로봇의 움직임을 관장하는 핵심 부품인 액추에이터부터 배터리, 제어 시스템까지 대부분을 자체적으로 설계하고 생산합니다. 최신 프로토타입은 약 173cm의 키에 57kg의 무게를 가지며, 28개의 자유도(Degrees of Freedom)를 통해 유연한 움직임을 구현합니다. 특히, 2.3kWh 용량의 배터리 팩을 가슴에 내장하여 무게 중심을 최적화하고 하루 종일 작업할 수 있는 효율성을 확보했습니다. 또한, 각 손에 11개의 자유도를 부여하여 섬세한 물체 조작이 가능하도록 설계되었습니다.

- **상용화 전략: '자동차보다 저렴하게'** 일론 머스크는 옵티머스의 최종 가격을 "자동차보다 저렴한" 2만 달러에서 3만 달러 사이로 책정하는 것을 목표로 하고 있습니다. 이는 대량 생산을 통해 제조 단가를

획기적으로 낮추겠다는 테슬라의 자신감을 반영합니다. 초기에는 테슬라 공장 내에서 "위험하고, 반복적이며, 지루한" 작업을 수행하며 데이터와 안정성을 확보한 후, 점차 외부 공장과 가정으로 보급을 확대할 계획입니다. 머스크는 "모든 사람이 옵티머스 친구를 원하게 될 것"이라며, 옵티머스가 인류 역사상 가장 거대한 제품이 될 것이라고 공언하기도 했습니다. 이러한 비전은 옵티머스를 단순한 생산 도구가 아닌, 인간의 삶 전반에 영향을 미치는 동반자로 만들겠다는 거대한 포부를 담고 있습니다.

Boston Dynamics (보스턴 다이내믹스): 아틀라스(Atlas) - 역동성의 정점, 상용화를 향한 진화

보스턴 다이내믹스(Boston Dynamics)는 수십 년간 로봇공학의 경계를 넓혀온 선구자입니다. 특히 아틀라스(Atlas)는 파쿠르, 춤, 공중제비 등 인간을 뛰어넘는 역동적인 움직임으로 대중에게 깊은 인상을 남겼습니다. 최근 보스턴 다이내믹스는 기존의 유압식 아틀라스를 단종하고, 상용화를 목표로 한 완전 전동식의 새로운 아틀라스를 공개하며 중요한 전환점을 맞이했습니다. 이는 연구용 플랫폼을 넘어 실제 산업 현장에서 가치를 창출하는 제품으로 거듭나겠다는 선언입니다.

・**기술적 특징: '대규모 행동 모델(LBMs)'의 도입** 새로운 아틀라스의 핵심은 AI 기술의 전면적인 도입에 있습니다. 보스턴 다이내믹스는 도요타 연구소(TRI)와의 협력을 통해 '대규모 행동 모델(Large

Behavior Models, LBMs)'을 개발하고 있습니다. 이는 기존의 복잡한 프로그래밍 스택을 단일 신경망으로 대체하는 접근법입니다. 과거에는 새로운 작업을 프로그래밍하기 위해 로봇 공학자들이 직접 코드를 수정해야 했지만, 이제는 시연 데이터를 통해 신경망을 훈련시켜 로봇이 스스로 행동을 학습하게 합니다. 이로 인해 아틀라스는 단순히 정해진 동작을 수행하는 것을 넘어, 주어진 과제를 해결하기 위해 발을 내딛고, 무게 중심을 이동하며, 장애물을 피하는 등 전신을 유기적으로 사용하는 능력을 갖추게 되었습니다.

- **인식 및 제어: 현실 세계와의 정교한 상호작용** 아틀라스의 정교한 움직임은 뛰어난 환경 인식 및 제어 기술에 기반합니다. 로봇에 탑재된 카메라가 포착한 2차원 이미지와 각 관절의 위치 정보를 결합하여 공간 내 자신의 위치를 파악합니다. 동시에 3D 센서로 주변 환경의 깊이를 측정하고, 사전에 학습된 물체의 CAD 파일과 실제 이미지를 비교하여 물체의 방향과 상태를 실시간으로 예측합니다. 이러한 복합적인 정보 처리 과정을 통해 아틀라스는 문을 열고, 물건을 집어 옮기는 등 현실 세계와 정교하게 상호작용할 수 있습니다.

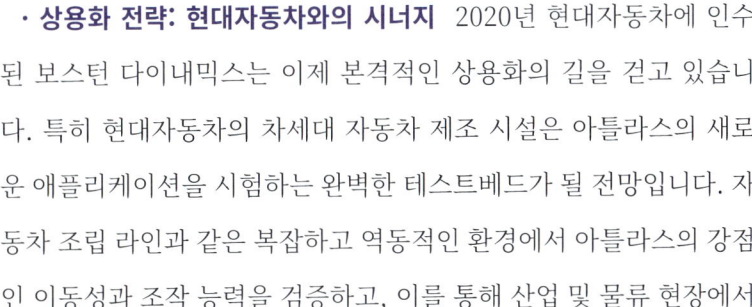

- **상용화 전략: 현대자동차와의 시너지** 2020년 현대자동차에 인수된 보스턴 다이내믹스는 이제 본격적인 상용화의 길을 걷고 있습니다. 특히 현대자동차의 차세대 자동차 제조 시설은 아틀라스의 새로운 애플리케이션을 시험하는 완벽한 테스트베드가 될 전망입니다. 자동차 조립 라인과 같은 복잡하고 역동적인 환경에서 아틀라스의 강점인 이동성과 조작 능력을 검증하고, 이를 통해 산업 및 물류 현장에서

의 실제적인 가치를 입증하는 것이 목표입니다. 아틀라스는 여전히 상용화 준비 단계에 있지만, 그 독보적인 기동성은 다른 경쟁자들이 따라올 수 없는 강력한 차별점으로 작용할 것입니다.

Figure AI: 피규어 03(Figure 03) - AI 두뇌를 탑재한 차세대 가정용 로봇

피규어 AI(Figure AI)는 오픈AI(OpenAI), 엔비디아(NVIDIA) 등 빅테크 기업들의 전폭적인 지원을 받으며 혜성처럼 등장한 스타트업입니다. 이들이 최근 공개한 3세대 휴머노이드 '피규어 03(Figure 03)'은 산업 현장을 넘어 가정 환경까지 아우르는 범용 로봇을 목표로 설계되었습니다. 피규어 AI의 핵심 경쟁력은 하드웨어 자체가 아닌, 로봇을 움직이는 강력한 AI 두뇌에 있습니다.

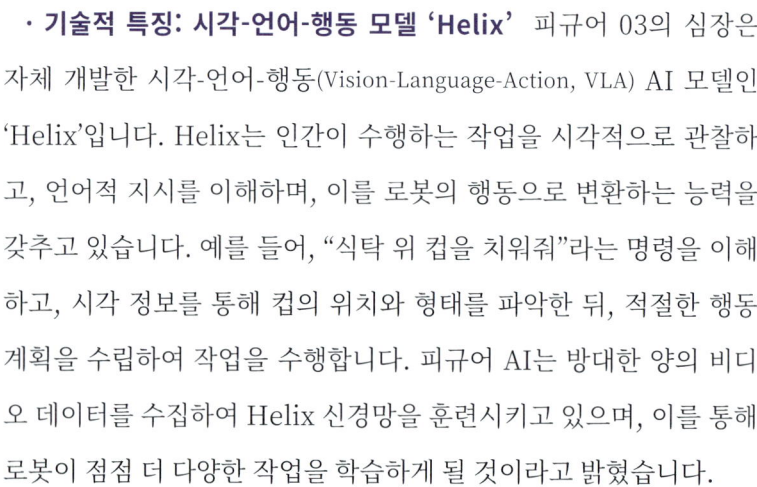

· **기술적 특징: 시각-언어-행동 모델 'Helix'** 피규어 03의 심장은 자체 개발한 시각-언어-행동(Vision-Language-Action, VLA) AI 모델인 'Helix'입니다. Helix는 인간이 수행하는 작업을 시각적으로 관찰하고, 언어적 지시를 이해하며, 이를 로봇의 행동으로 변환하는 능력을 갖추고 있습니다. 예를 들어, "식탁 위 컵을 치워줘"라는 명령을 이해하고, 시각 정보를 통해 컵의 위치와 형태를 파악한 뒤, 적절한 행동 계획을 수립하여 작업을 수행합니다. 피규어 AI는 방대한 양의 비디오 데이터를 수집하여 Helix 신경망을 훈련시키고 있으며, 이를 통해 로봇이 점점 더 다양한 작업을 학습하게 될 것이라고 밝혔습니다.

주요 기업별 휴머노이드 로봇 개발 현황 및 전략

- **하드웨어 및 디자인: '가정'을 위한 설계** 피규어 03의 하드웨어는 가정 환경에서의 안전성과 사용 편의성에 초점을 맞추고 있습니다. 로봇의 몸체 일부에 부드러운 소재(soft goods)를 적용하여 인간과의 물리적 접촉 시 충격을 완화했으며, 별도의 케이블 없이 충전 패드 위에 서는 것만으로 충전이 가능한 무선 충전 기능을 도입했습니다. 또한, 음성으로 로봇과 상호작용하고 로봇의 상태를 피드백 받기 위한 오디오 시스템을 개선하는 등, 인간 친화적인 디자인을 대거 채택했습니다. 이는 로봇이 단순한 기계가 아닌, 일상 공간에 자연스럽게 녹아드는 존재가 되도록 하려는 설계 철학을 보여줍니다.

- **상용화 전략: 강력한 파트너십 기반의 생태계 구축** 피규어 AI는 오픈AI(OpenAI), 마이크로소프트(Microsoft), 엔비디아(NVIDIA), 아마존(Amazon), 인텔(Intel) 등 쟁쟁한 기업들로부터 투자를 유치하며 강력한 기술 생태계를 구축하고 있습니다. 특히 오픈AI와의 협력은 피규어 로봇에 최첨단 시각 및 언어 이해 능력을 부여하는 데 결정적인 역할을 하고 있으며, 엔비디아의 AI 칩과 시뮬레이션 플랫폼(Isaac Sim)은 로봇의 AI 모델을 훈련하고 검증하는 데 활용됩니다. 이러한 파트너십을 통해 피규어 AI는 하드웨어 개발뿐만 아니라 AI 역량을 극대화하고, 초기에는 BMW와 같은 파트너사의 제조 현장에 투입된 후 궁극적으로는 가정용 시장까지 진출한다는 원대한 목표를 그리고 있습니다.

심층 분석 2026년 이후, 휴머노이드 로봇의 현재와 미래

Agility Robotics (어질리티 로보틱스): 디짓(Digit) - 물류 현장을 혁신하는 실용주의 로봇

어질리티 로보틱스(Agility Robotics)의 디짓(Digit)은 범용성을 지향하는 다른 로봇들과는 달리, '물류 및 창고 자동화'라는 명확한 목표 시장을 공략하는 실용주의 노선을 택하고 있습니다.  인간과 유사한 이족보행 능력을 바탕으로 기존의 인간 중심 작업 환경에 그대로 투입될 수 있다는 점이 가장 큰 장점입니다. 이는 시설 전체를 로봇에 맞게 개조해야 하는 다른 자동화 솔루션에 비해 도입 비용과 시간을 획기적으로 줄여줍니다.

· 기술적 특징: 클라우드 플랫폼 'Agility Arc' 디짓의 운영 핵심에는 클라우드 기반 자동화 플랫폼인 'Agility Arc'가 있습니다. 관리자는 Agility Arc를 통해 작업 공간의 상세한 지도를 생성하고, 로봇의 작업 흐름(workflow)을 설정하며, 이를 실시간으로 예약하고 모니터링할 수 있습니다. 예를 들어, "A 지점에서 토트(tote)를 집어 B 지점의 컨베이어 벨트로 옮기라"는 작업을 설정하면, 여러 대의 디짓이 해당 작업을 자율적으로 수행합니다. 시연에 따르면 디짓은 시간당 66개의 토트를 옮길 수 있으며, 작업 성공률은 98~100%에 달합니다. 이는 중앙 집중식 제어 시스템을 통해 로봇 군집(fleet)을 효율적으로 관리하고 생산성을 극대화하는 방식입니다.

· 상용화 전략: '서비스형 로봇(RaaS)'과 빠른 ROI 어질리티 로보틱스는 고객의 초기 투자 부담을 줄이기 위해 두 가지 비즈니스 모델을 제공합니다. 하나는 로봇, 소프트웨어, 서비스를 모두 포함하는 구

독형 모델인 '서비스형 로봇(Robots-as-a-Service, RaaS)'이고, 다른 하나는 로봇을 직접 구매하는 방식입니다. 특히 RaaS 모델은 유연한 계약 조건과 수요에 따른 로봇 추가 지원 등을 통해 고객이 손쉽게 자동화를 도입할 수 있도록 돕습니다. 어질리티 로보틱스는 시간당 30달러의 인건비를 기준으로 할 때, 2년 이내에 투자금 회수(ROI)가 가능하다고 주장합니다. 이는 휴머노이드 로봇 도입의 경제적 타당성을 구체적인 수치로 제시했다는 점에서 의미가 큽니다.

· **실제 적용 사례: Amazon과의 파트너십** 디짓의 실용성은 이미 실제 산업 현장에서 검증되고 있습니다. 세계 최대의 전자상거래 기업인 아마존(Amazon)은 자사의 물류 창고에서 디짓을 시험 운영하고 있습니다. 디짓은 자율이동로봇(AMR)이 운반해 온 토트를 컨베이어 벨트로 옮기는 단순 반복 작업을 수행하며, 이를 통해 인간 작업자들은 더 높은 가치를 창출하는 업무에 집중할 수 있게 됩니다. 이처럼 디짓은 인간의 일자리를 '대체'하는 것이 아니라, 힘들고 위험한 작업을 '보조'하며 인간과 협력하는 모델을 제시하고 있습니다.

심층 분석 2026년 이후, 휴머노이드 로봇의 현재와 미래

기타 주목할 만한 기업들 (Other Noteworthy Companies)

빅4 외에도 다양한 기업들이 각자의 강점을 내세우며 휴머노이드 로봇 시장에 뛰어들고 있습니다. 이들의 존재는 시장의 다양성을 확보하고 건전한 경쟁을 촉진하는 중요한 역할을 합니다.

· **유니트리 로보틱스(Unitree Robotics)** 중국의 유니트리는 민첩한 움직임과 높은 비용 효율성을 무기로 빠르게 성장하고 있습니다. 이들의 G1 모델은 서비스 산업과 연구 환경에서 실용적인 애플리케이션을 목표로 설계되었으며, 작고 효율적인 로봇이 필요한 환경에 최적화되어 있습니다.

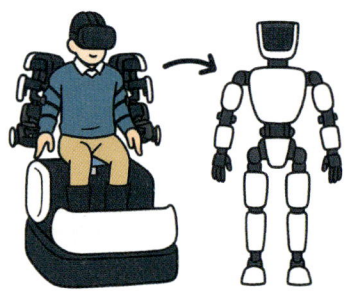

· **도요타(Toyota)** 자동차 제조의 거인 도요타는 오랜 로봇 연구의 역사를 가지고 있습니다. 이들의 3세대 휴머노이드 로봇 T-HR3는 인간 조종사가 착용한 '마스터 기동 시스템'을 통해 원격으로 제어되는 아바타 개념을 채택했습니다. 1.5미터의 키와 75kg의 무게, 32개의 자유도를 가진 T-HR3는 인간의 복잡한 움직임을 높은 정확도로 모방할 수 있어, 헬스케어, 재난 구호 등 인간이 직접 접근하기 어려운 환경에서의 활용 가능성을 탐색하고 있습니다.

· **혼다(Honda)** 혼다는 2000년에 공개된 전설적인 휴머노이드 로

봇 '아시모(ASIMO)'를 통해 이족보행 로봇 기술을 선도했던 기업입니다. 비록 아시모 프로젝트는 공식적으로 종료되었지만, 혼다는 그 기술적 유산을 포기하지 않았습니다. 2026년 CES에서 혼다는 아시모 개발 과정에서 축적된 AI 및 제어 기술을 차세대 전기차(0 Series)의 운영체제(OS)인 'ASIMO OS'로 계승하겠다고 발표했습니다. 이는 로봇 기술이 모빌리티의 미래를 어떻게 혁신할 수 있는지 보여주는 흥미로운 사례입니다.

미래 예측: 휴머노이드 로봇 기술 발전 로드맵

휴머노이드 로봇의 미래는 단선적인 경로를 따르지 않을 것입니다. 기술의 성숙도, 비용 효율성, 그리고 사회적 수용성에 따라 각기 다른 시간대에 특정 분야에서 상용화가 이루어지는 다단계적 발전 과정을 거칠 것으로 예상됩니다. 본 섹션에서는 앞서 분석한 기업들의 동향과 시장 데이터를 바탕으로, 휴머노이드 로봇의 미래를 단기, 중기, 장기의 3단계로 나누어 전망합니다.

단기 전망 (2-3년 후): 상용화 원년과 초기 시장 형성

향후 2~3년은 휴머노이드 로봇이 연구실을 나와 산업 현장에 첫발을 내딛는 '상용화 원년'이 될 것입니다. 이 시기의 가장 큰 특징은 '통제된 환경'에서의 '초기 검증'입니다.

심층 분석 2026년 이후, 휴머노이드 로봇의 현재와 미래

> "로봇은 이미 존재하지만, 새로운 작업을 스스로 학습하지는 못한다. 이것이 앞으로 2~3년 안에 바뀔 것이다."
> - 비노드 코슬라

• **기술적 성취** AI 모델의 발전으로 로봇이 시연이나 언어적 지시를 통해 새로운 작업을 학습하는 능력이 크게 향상될 것입니다. 하지만 아직은 예측 불가능한 변수가 많은 비정형 환경보다는, 정해진 규칙과 동선이 존재하는 환경에 더 적합한 수준에 머무를 것입니다. 테슬라(Tesla), 피규어 AI(Figure AI), 어질리티 로보틱스(Agility Robotics) 등 주요 기업들이 대량 생산 준비를 마치고 초기 모델을 시장에 출시하기 시작할 것입니다.

• **주요 적용 분야** 초기 시장은 명확한 경제적 효용을 기대할 수 있는 분야에 집중될 것입니다. 특히 노동력 부족과 높은 산업 재해율을 겪고 있는 자동차 제조 및 물류 창고가 가장 유력한 테스트베드입니다.  로봇은 부품 운반, 컨베이어 벨트 적재, 팔레타이징 등 인간 작업자들이 기피하는 반복적이고 육체적으로 힘든 작업을 대체하게 될 것입니다.

• **시장 상황** 골드만삭스(Goldman Sachs)의 지적처럼, 이 시기에는 아직 시장 전체를 뒤흔들 만한 '의미 있는 규모'의 상업적 성공을 기대하기는 어렵습니다. 대신, 소수의 선도 기업들이 파일럿 프로젝트 형태로 로봇을 현장에 투입하고, 투자 대비 수익(ROI)을 검증하는 데 주력할 것입니다. 한편, 중국은 정부의 강력한 지원을 등에 업고 이 시

미래 예측: 휴머노이드 로봇 기술 발전 로드맵

기를 자국 로봇 산업이 글로벌 리더로 도약할 '드문 기회의 창'으로 여기며 공격적인 투자를 이어갈 것입니다.

중기 전망 (5-6년 후): 시장 확대와 다분야 적용의 시작

이 시기에 이르면 휴머노이드 로봇은 초기 검증 단계를 넘어 본격적인 '시장 확대' 국면에 진입할 것입니다. 기술 발전과 생산 단가 하락이 맞물리면서 더 넓은 산업 분야로 적용이 확산되는 것이 특징입니다.

• **기술적 성취** 지속적인 공정 혁신과 규모의 경제 달성으로 로봇 한 대당 생산 단가가 25% 이상 절감될 것입니다. AI 기반의 상황 판단 능력은 더욱 고도화되어, 여러 개의 물체를 동시에 다루거나 예기치 못한 상황에 대처하는 등 더 복잡하고 섬세한 작업 수행이 가능해집니다. 배터리 기술의 발전으로 가동 시간 또한 크게 늘어날 것입니다.

• **주요 적용 분야** 로봇의 활동 무대는 공장을 넘어 우리 삶과 더 밀접한 공간으로 확장됩니다.

• **헬스케어** 병원 내에서 검체나 약품을 운반하고, 거동이 불편한 환자를 부축하거나 이동시키는 등 의료진의 물리적 부담을 덜어주는 역할을 수행할 것입니다.

• **소매업 및 서비스** 매장 내 상품 진열, 재고 관리, 고객 안내 등 다양한 서비스 업무에 투입될 수 있습니다.

• **위험 작업 환경** 원자력 발전소 유지보수, 화학 공장, 재난 구조 현장 등 인간이 접근하기 위험한 환경에서 로봇이 인간을 대신하

여 임무를 수행하는 사례가 늘어날 것입니다.

- **시장 상황:** 베인앤드컴퍼니(Bain & Company)의 예측처럼, 이 시기부터 의미 있는 상업적 애플리케이션이 본격적으로 등장하며 시장이 뚜렷한 성장 곡선을 그리기 시작할 것입니다. 다양한 산업 분야에서 성공 사례들이 축적되면서, 휴머노이드 로봇 도입을 망설이던 기업들도 시장에 참여하게 되는 선순환 구조가 만들어질 것입니다.

장기 전망 (10년 후 이상): 일상으로의 통합과 사회적 변혁

10년 후의 미래는 휴머노이드 로봇이 특정 산업의 도구를 넘어, 사회 인프라의 일부로 자리 잡고 인간의 일상에 깊숙이 통합되는 시대가 될 것입니다. 이는 단순한 기술의 진보를 넘어, 노동, 복지, 인간관계 등 사회 전반에 걸친 거대한 패러다임 전환을 의미합니다.

- **기술적 성취** 로봇은 예측 불가능하고 끊임없이 변화하는 일상 환경에서 스스로 판단하고 다양한 작업을 수행하는 진정한 의미의 '범용 인공지능 로봇(Artificial General Intelligence Robot)'으로 진화할 것입니다. 하드웨어는 더욱 가볍고 안전해지며, 인간과의 상호작용은 언어와 제스처를 통해 훨씬 자연스러워질 것입니다.

- **주요 적용 분야** 모건 스탠리(Morgan Stanley)는 2030년대 후반부터 로봇 보급이 가속화될 것으로 예측했습니다.

  - **가정 내 개인 비서** 요리, 청소, 빨래 등 가사 노동을 전담하고, 개인의 일정을 관리하며, 아이들을 돌보는 등 가정의 필수 구성원이 될 수 있습니다.

- **노인 돌봄(Elder Care)** 고령화 사회의 심각한 돌봄 인력 부족 문제를 해결할 대안으로 부상할 것입니다. 로봇은 노인들의 식사와 약 복용을 돕고, 말벗이 되어주며, 응급 상황 발생 시 즉각적으로 대응하는 역할을 수행합니다.
- **공공 서비스** 공공장소 유지보수, 안내 서비스, 보안 순찰 등 다양한 공공 영역에서 인간을 보조하게 될 것입니다.
- **시장 및 사회 변화** 모건 스탠리(Morgan Stanley)는 2050년까지 휴머노이드 로봇 시장 규모가 관련 공급망과 유지보수 네트워크를 포함하여 5조 달러를 넘어설 수 있으며, 전 세계적으로 10억 대 이상의 로봇이 사용될 수 있다고 전망했습니다. 이는 현재 자동차 산업의 두 배에 달하는 엄청난 규모입니다. 이러한 변화는 만성적인 노동력 부족 문제를 해결하고 생산성을 극대화하는 긍정적 효과를 가져올 것입니다. 동시에, 기존 일자리의 대규모 대체, 소득 불평등 심화, 로봇에 대한 윤리적 딜레마 등 인류가 한 번도 경험해보지 못한 거대한 사회적 변혁에 직면하게 될 것임을 예고합니다.

핵심 요약: 기술 발전 로드맵

- **단기 (2-3년)** 통제된 환경(제조, 물류) 중심의 초기 상용화 및 ROI 검증 단계.
- **중기 (5-6년)** 생산 단가 하락과 기술 고도화로 헬스케어, 소매업, 위험 작업 등 다분야로 시장 확대.
- **장기 (10년+)** 범용 로봇의 등장으로 가정, 돌봄, 공공 서비스 등 일상생활에 통합되며 사회 전반의 변혁을 주도.

심층 분석 2026년 이후, 휴머노이드 로봇의 현재와 미래

시장 동향 및 투자 관점

휴머노이드 로봇 산업은 단순한 기술적 호기심을 넘어, 막대한 경제적 가치를 창출할 차세대 성장 동력으로 주목받고 있습니다. 주요 투자은행과 시장 조사 기관들은 앞다투어 폭발적인 시장 성장을 예측하고 있으며, 이는 글로벌 투자 지형에도 새로운 변화를 가져오고 있습니다.

글로벌 시장 규모 및 성장 예측

휴머노이드 로봇 시장의 미래 가치에 대한 전망은 기관마다 편차는 있지만, 공통적으로 '기하급수적인 성장'을 예고하고 있습니다. 이는 단기적인 상용화 가능성을 넘어 장기적인 패러다임 전환에 대한 기대감이 반영된 결과입니다.

주요 기관별 글로벌 휴머노이드 로봇 시장 규모 예측

2030년 마켓앤마켓	2032년 포춘 비즈니스	2035년 골드만삭스	2050년 모건 스탠리
$152.6억	$660억	$380억	$5조

가장 낙관적인 전망을 내놓은 곳은 모건 스탠리(Morgan Stanley)로, 2050년까지 시장 규모가 5조 달러에 이를 수 있다고 예측했습니다.

반면, 골드만삭스(Goldman Sachs)는 보다 현실적인 관점에서 2035년 시장 규모를 380억 달러로 전망했으며, 이는 이전 예측치인 60억 달러에서 6배 이상 상향 조정한 수치입니다. 포춘 비즈니스 인사이트(Fortune Business Insights)는 2024년 32.8억 달러에서 2032년 660억 달러로 연평균 45.5%의 성장률을 기록할 것으로 내다봤습니다. 또한 마켓앤마켓(MarketsandMarkets)은 2026년 29.2억 달러에서 2030년 152.6억 달러로 연평균 39.2% 성장할 것으로 예측했습니다. 이러한 예측들은 휴머노이드 로봇 시장이 향후 10년간 가장 빠르게 성장하는 산업 분야 중 하나가 될 것임을 명확히 보여줍니다.

미-중 기술 경쟁 및 주요국 동향

휴머노이드 로봇 기술의 패권은 미래 산업의 주도권과 직결됩니다. 현재 이 분야는 미국과 중국의 양강 구도로 재편되고 있습니다. 스탠포드 AI 인덱스 보고서에 따르면, AI 관련 지적 재산의 83%와 주목할 만한 파운데이션 모델의 90%가 미국과 중국에서 나오고 있으며, 이는 휴머노이드 로봇 기술 역시 두 국가가 주도할 수밖에 없는 구조임을 시사합니다.

특히 중국의 부상은 주목할 만합니다. 중국 정부는 '중국제조 2025' 전략의 일환으로 로봇 산업을 집중 육성하고 있으며, 휴머노이드 로봇을 미래 핵심 산업으로 지정하여 막대한 정책적, 재정

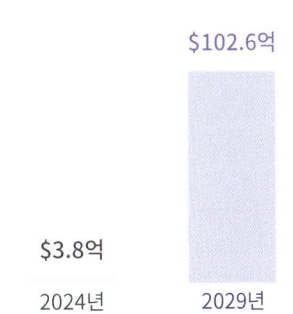

중국 휴머노이드 시장 성장 전망

적 지원을 쏟아붓고 있습니다. 2026년 베이징에서 열린 세계 로봇 컨퍼런스(WRC)는 중국산 휴머노이드 로봇의 대규모 등장을 알리는 신호탄이었습니다. 시장 예측에 따르면, 중국의 휴머노이드 로봇 시장은 2024년 약 3.8억 달러에서 2029년 102.6억 달러 규모로 폭발적으로 성장할 전망입니다. 이는 미국 기업들이 기술적 우위를 점하고 있는 상황에서, 중국이 거대한 내수 시장과 정부의 지원을 바탕으로 빠르게 추격하는 '패스트 팔로워(Fast Follower)' 전략을 구사하고 있음을 보여줍니다. 향후 미-중 간의 기술 경쟁은 더욱 치열해질 것이며, 이는 기술 발전의 속도를 가속화하는 동시에 글로벌 공급망에 새로운 변수로 작용할 것입니다.

이러한 미-중 양강 구도 속에서 대한민국의 약진 또한 두드러집니다. 한국은 강력한 제조업 기반과 ICT 역량을 바탕으로 휴머노이드 로봇 시장의 핵심 플레이어로 부상하고 있습니다. 특히 현대자동차그룹이 보스턴 다이내믹스(Boston Dynamics)를 인수한 것은 글로벌 로봇 시장의 판도를 바꿀 중요한 사건으로 평가받습니다. 현대차는 보스턴 다이내믹스의 기술력을 자사의 차세대 자동차 생산 공정에 적용하여 시너지를 창출하고, 이를 상용화의 발판으로 삼을 계획입니다. 또한

시장 동향 및 투자 관점

삼성, LG 등 대기업들도 AI와 로봇 기술에 대한 투자를 확대하며 미래를 준비하고 있으며, KAIST의 '휴보'와 같이 오랜 연구 개발 역사와 인재풀을 보유하고 있습니다. 정부 역시 첨단로봇 산업 육성 정책을 통해 적극적으로 지원하고 있어, 제조, 물류뿐만 아니라 고령화 사회에 대응하기 위한 헬스케어 분야에서도 한국 기업들의 활약이 기대됩니다.

투자 동향: 새로운 투자처의 부상

휴머노이드 로봇 산업의 성장 가능성이 가시화되면서, 글로벌 투자자들의 관심도 뜨거워지고 있습니다. 과거에는 소수의 벤처 캐피탈만이 투자하던 영역이었지만, 이제는 일반 투자자들도 손쉽게 참여할 수 있는 금융 상품들이 등장하고 있습니다.

대표적인 예가 휴머노이드 로봇 산업에 특화된 상장지수펀드(ETF)입니다. 미국 시장 최초의 휴머노이드 ETF인 라운드힐(Roundhill)의 'HUMN'은 공장, 물류센터 등에서 활약할 로봇을 개발하는 기업에 집중 투자합니다. 또 다른 ETF인 팀즈(Themes)의 'BOTT'는 로봇 제조사뿐만 아니라, 공장 자동화 장비, 반도체, 산업 부품 등 로봇 생태계를 구성하는 30개 주요 기업에 분산 투자하는 전략을 취합니다. 이러한 ETF의 등장은 휴머노이드 로봇이 하나의 투자 테마로 확고히 자리 잡았음을 의미합니다.

개별 기업에 대한 직접 투자 역시 활발합니다. 로봇의 '두뇌' 역할을 하는 AI 칩 분야의 절대 강자 엔비디아(NVIDIA), 산업 자동화 솔루션

의 강자 로크웰 오토메이션(Rockwell Automation)과 ABB, 그리고 로봇의 '눈' 역할을 하는 센서 기술을 보유한 기업들이 유망한 투자처로 꼽힙니다. 앞으로 휴머노이드 로봇의 상용화가 본격화될수록, 이들 핵심 부품 및 솔루션 기업들의 가치는 더욱 부각될 것입니다.

도전 과제와 사회적 영향

휴머노이드 로봇이 가져올 혁신적인 미래 이면에는 반드시 넘어야 할 기술적, 상업적, 그리고 윤리적 허들이 존재합니다. 이러한 과제들을 해결하지 못한다면, 로봇의 대중화는 요원한 꿈  에 그칠 수 있습니다. 또한, 기술의 성공적인 도입은 사회 구성원들의 깊은 고민과 합의를 필요로 합니다.

기술적/상업적 허들

글로벌 컨설팅 기업 맥킨지(McKinsey)는 휴머노이드 로봇이 개념 증명 단계를 넘어 상업적 현실로 나아가기 위해 해결해야 할 주요 과제들을 다음과 같이 지적했습니다.

- **정교함(Dexterity)의 한계** 현재 로봇의 손은 인간의 손만큼 정교하고 섬세한 작업을 수행하는 데 한계가 있습니다. 다양한 크기와 형태, 재질의 물체를 안정적으로 다루는 능력은 아직 초기 단계에 머물러 있습니다.

- **가동 시간(Uptime) 및 신뢰성** 산업 현장에서 로봇은 24시간 내

내 안정적으로 작동해야 합니다. 배터리 수명, 유지보수 주기, 예기치 않은 고장에 대한 대응 능력 등 신뢰성을 확보하는 것이 상업화의 핵심 관건입니다.

· 비용 대비 ROI 달성 로봇의 도입 비용은 여전히 높습니다. 기업들이 투자를 결정하기 위해서는 인건비 절감, 생산성 향상 등 명확한 경제적 이점을 입증해야 합니다. 어질리티 로보틱스(Agility Robotics)가 '2년 내 ROI'를 제시한 것은 이러한 시장의 요구를 반영한 것입니다.

· 안전 표준 및 인증 인간과 동일한 공간에서 펜스 없이 협업하기 위해서는 엄격한 안전 표준과 인증 절차가 필수적입니다. 로봇의 오작동으로 인한 사고 발생 시 책임 소재, 법적 문제, 노동조합과의 협의 등 해결해야 할 과제가 산적해 있습니다.

이러한 허들은 단 하나의 기업이 아닌, 산업 생태계 전체가 협력하여 풀어야 할 숙제입니다. 부품 공급사, 로봇 제조사, 최종 사용자, 그리고 정부 및 인증 기관의 유기적인 협력이 필요합니다.

윤리적 및 사회적 딜레마

휴머노이드 로봇의 등장은 기술적 문제를 넘어, 우리 사회의 근간을 이루는 노동, 관계, 윤리에 대한 근본적인 질문을 던집니다.

· 노동 시장의 변화와 인간의 역할 가장 즉각적인 우려는 '일자리 대체(job displacement)'입니다. MIT 연구에 따르면, 미국에서 로봇 1대가 추가될 때마다 1,000명당 고용률이 0.2% 감소하고 임금이 0.42%

하락하는 것으로 나타났습니다. 특히 반복적이고 정형화된 업무를 수행하는 저숙련 노동자들이 가장 큰 타격을 입을 수 있습니다. 그러나 비관론만 있는 것은 아닙니다. 로봇이 인간을 대체하는 만큼, 로봇을 설계, 관리, 유지보수하는 새로운 직업이 창출될 수 있습니다. 더 중요한 것은 인간의 역할 재정의입니다. 로봇이 육체적이고 반복적인 노동을 전담하게 되면, 인간은 창의성, 비판적 사고, 사회적 소통 등 고차원적인 역량에 더 집중할 수 있게 됩니다. 다만, 이러한 전환 과정에서 발생하는 실업과 불평등 문제를 해결하기 위한 사회적 안전망과 재교육 시스템 구축이 시급한 과제입니다.

- **인간-로봇 상호작용의 윤리** 로봇이 인간의 외형과 행동을 모방하면서, 우리는 기계와 전례 없는 관계를 맺게 됩니다. 이는 여러 윤리적 딜레마를 낳습니다.
  - **감정적 의존과 고립** 특히 노인이나 아동 돌봄 로봇의 경우, 사용자가 로봇에 과도하게 감정적으로 의존하게 될 위험이 있습니다. 이는 인간과의 실제적인 사회적 관계를 위축시키고 오히려 고립을 심화시킬 수 있습니다.
  - **사생활 침해와 데이터 편향** 로봇은 주변 환경을 끊임없이 관찰하고 데이터를 수집합니다. 이 과정에서 개인의 사생활이 침해될 수 있으며, 로봇을 훈련시키는 데이터에 편향이 존재할 경우, 로봇이 특정 인종이나 성별에 대해 차별적인 행동을 보일 수도 있습니다.
  - **책임과 자율성** 현재의 로봇은 자의식이나 도덕적 판단 능력을 갖춘 '완전한 도덕적 행위자'가 아닙니다. 만약 자율적으로 행동하

는 로봇이 사고를 일으켰을 때, 그 법적 책임은 사용자, 제조사, 프로그래머 중 누가 져야 하는가? 이 문제에 대한 사회적, 법적 합의가 반드시 필요합니다.

결론: 인간과 로봇이 공존하는 미래를 향하여

　2026년을 기점으로 휴머노이드 로봇은 공상과학의 영역을 벗어나 우리 삶의 현실로 성큼 다가오고 있습니다. 테슬라(Tesla)의 대중화 비전, 보스턴 다이내믹스(Boston Dynamics)의 경이로운 기술력, 피규어 AI(Figure AI)의 AI 두뇌, 그리고 어질리티 로보틱스(Agility Robotics)의 실용주의적 접근은 각기 다른 방식으로 인간과 로봇이 공존할 미래의 청사진을 그리고 있습니다. 시장은 폭발적인 성장을 예고하고 있으며, 미-중 기술 패권 경쟁은 그 속도를 더욱 가속화하고 있습니다.

　그러나 이 화려한 기술의 행진 이면에는 정교함의 한계, 신뢰성 확보, 높은 비용이라는 기술적 허들과 일자리 대체, 윤리적 딜레마라는 묵직한 사회적 과제가 놓여 있습니다. 국제로봇연맹(IFR)이 지적했듯이, 휴머노이드 로봇의 대중화가 '언제, 어떻게' 이루어질지는 여전히

불확실합니다. 기술 발전은 필연적일지 모르나, 그 기술을 우리 사회에 어떻게 통합하고 어떤 가치를 위해 사용할 것인지는 전적으로 우리의 '사회적 선택'에 달려 있습니다.

미래의 휴머노이드 로봇은 단순히 인간의 노동력을 대체하는 기계가 아닐 것입니다. 위험하고 고된 일에서 우리를 해방시키고, 창의적인 활동에 더 많은 시간을 쏟게 하며, 돌봄이 필요한 이들의 곁을 지켜주는 파트너가 될 잠재력을 지니고 있습니다. 이러한 긍정적 비전을 현실로 만들기 위해서는 기술 개발과 함께, 발생 가능한 위험을 예측하고 통제하기 위한 법적, 제도적, 윤리적 논의가 병행되어야 합니다. 기술적, 경제적, 윤리적 과제들을 슬기롭게 해결해 나가는 과정이야말로, 인류가 진정으로 풍요롭고 지속 가능한 '인간-로봇 공존 시대'를 여는 핵심 열쇠가 될 것입니다.

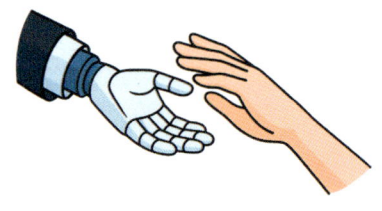

결론: 인간과 로봇이 공존하는 미래를 향하여

부록
실전 활용법 10
- 상황별 프롬프트

    이제 AI를 단순한 장난감이 아닌, 여러분의 학업과 업무를 돕는 '강력한 조수'로 만들 차례입니다. 이 활용법은 필요한 순간에 바로 참고할 수 있는 프롬프트 예시들로 구성되어 있습니다.

    중요한 것은, 이 예시들을 '나쁜 예시'와 '좋은 예시'로 비교하여 왜 좋은 프롬프트가 중요한지 파악한 후 활용하는 것입니다. 모든 '좋은 예시'는 이 책의 4장에서 배운 [역할], [목표], [상황], [형식] 공식을 따르고 있습니다. 이 공식을 기억하며 각 예시를 참고하고, 여러분의 상황에 맞게 응용해 보세요.

상황 소개

1단계. 학습에 활용하기
- 예시 1: 복잡한 전공 개념 10초 만에 이해하기
- 예시 2: 막막한 리포트/논문 초안 잡기 (서론 쓰기)

2단계. 취업 준비에 활용하기
- 예시 3: 밋밋한 경험을 매력적인 '자기소개서'로 바꾸기
- 예시 4: AI와 함께하는 '압박 면접' 시뮬레이션

3단계. 업무에 활용하기
- 예시 5: 1시간짜리 회의록, 3줄 요약하고 '할 일' 뽑기
- 예시 6: 까다로운 요청 정중하게 거절하는 이메일 쓰기
- 예시 7: 막막한 신규 프로젝트 아이디어 10개 뽑기

4단계. 일상에서도 활용하기
- 예시 8: MBTI 'J'처럼 완벽한 3박 4일 여행 계획 짜기
- 예시 9: 냉장고 속 재료로 10분 만에 저녁 메뉴 추천받기
- 예시 10: 나만을 위한 '30일 챌린지' 운동/학습 루틴 만들기

부록 실전 활용법 10 - 상황별 프롬프트

1단계. 학습에 활용하기

강의 복습, 리포트 작성, 발표 준비 등의 학습 활동에 바로 적용할 수 있는 프롬프트입니다.

예시 1: 복잡한 전공 개념 10초 만에 이해하기

- **상황** 전공 수업에서 '양자역학의 불확정성 원리'라는 개념을 들었지만, 교수님의 설명이 너무 어렵고 도저히 이해가 안 될 때.
- **나쁜 예시** "불확정성 원리 알려줘." - AI는 사용자의 수준을 몰라 백과사전처럼 어렵고 긴 설명을 할 가능성이 높습니다.
- **좋은 예시**

  [역할] 너는 세상에서 가장 쉬운 비유를 잘 드는 과학 커뮤니케이터야.
  [목표] '양자역학의 불확정성 원리'라는 개념을 비전공자 대학생도 이해할 수 있게 설명해 줘.
  [상황] 나는 이 개념을 오늘 처음 듣는 경제학과 2학년 학생이야. 어려운 수식은 전혀 몰라.
  [형식] 일상생활에서 찾을 수 있는 쉬운 비유 1개를 들어주고, 이 개념의 핵심 의미를 2문장으로 요약해 줘.

- **프롬프트 분석**
  - **[역할: 과학 커뮤니케이터]** 단순히 '과학자'가 아닌 '커뮤니케이터'라고 지정함으로써, AI의 초점을 '정확한 지식 나열'이 아닌 '쉬운 전달'에 맞추도록 강제했습니다. AI의 톤앤매너를 설정하는 중요한 단계입니다.

1단계. 학습에 활용하기

- **[목표: 비전공자 이해]** AI에게 이 작업의 성공 기준이 '학술적 정확성'이 아니라 '비전공자의 이해'임을 명확히 했습니다.
- **[상황: 경제학과 2학년, 수식 모름]** 이 부분이 핵심입니다. AI에게 나의 구체적인 '수준'과 '배경지식'(수식 모름)을 제공함으로써, AI가 답변의 난이도를 사용자의 눈높이에 정확히 맞추도록 유도했습니다. 이러한 정보 제공이 빠지면 AI는 일반적인 설명을 내놓을 수밖에 없습니다.
- **[형식: 비유 1개 + 2문장 요약]** AI가 장황하게 설명하는 것을 막고, 내가 원하는 결과물(비유, 요약)을 정확히 받아볼 수 있도록 '출력물의 설계도'를 제공했습니다.

활용 팁

- **개선하기** AI가 제시한 비유가 마음에 들지 않는다면, "그 비유는 너무 진부해. 더 창의적인 비유 없어? 예를 들어 '요리'나 '축구 경기'에 비유해서 다시 설명해 줘"라고 구체적으로 개선을 요구할 수 있습니다.
- **확장하기** 개념이 이해되었다면, "좋아. 이제 그 불확정성 원리가 내 전공인 '경제학'이나 '금융 시장'과는 어떤 관련이 있을 수 있는지 창의적인 아이디어를 제시해 줘"라고 질문하여 지식을 확장할 수 있습니다.

예시 2: 막막한 리포트/논문 초안 잡기 (서론 쓰기)

- **상황** 'AI가 미디어 산업에 미치는 영향'이라는 주제로 리포트를 써야 하는데, 독자의 흥미를 끌 만한 서론을 어떻게 시작해야 할지 막막할 때.

- **나쁜 예시** "AI가 미디어에 미치는 영향 리포트 서론 써줘." - AI는 이 리포트의 수준, 목적, 핵심 키워드를 몰라 매우 일반적이고 지루한 서론을 생성할 것입니다.

- **좋은 예시**

[역할] 너는 IT 전문 저널리스트야. 독자의 흥미를 끄는 글쓰기를 전문으로 해.
[목표] 'AI가 현대 미디어 산업에 미치는 영향'이라는 주제의 대학생 리포트 서론(Introduction)을 작성하려고 해.
[상황] 이 서론은 독자(교수님과 학우들)의 흥미를 유발하고 이 주제가 왜 중요한지 강조해야 해. 핵심 키워드는 #생성형 AI, #콘텐츠 제작 자동화, #저널리즘의 미래 야.
[형식] 1) 독자의 시선을 끄는 강력한 질문이나 충격적인 사실로 시작해 줘.
2) 이 주제가 왜 지금 중요한지 배경을 설명해 줘.
3) 이 리포트에서 앞으로 다룰 내용을 간략하게 예고하는 3단 구성으로, 총 400자 내외로 작성해 줘.

- **프롬프트 분석**

  - **[역할: IT 전문 저널리스트]** '대학교수'가 아닌 '저널리스트'로 역할을 지정하여, 딱딱한 학술적 서술이 아닌 독자의 흥미를 끄는 '매력적인' 글쓰기 스타일을 유도했습니다.

1단계. 학습에 활용하기

- **[목표: 대학생 리포트 서론]** 이 글의 용도가 '전문 학술 논문'이 아닌 '대학생 리포트'임을 명시하여 적절한 난이도와 톤을 설정했습니다.
- **[상황: 흥미 유발, 핵심 키워드]** AI가 글을 쓸 때 반드시 포함해야 할 '재료'(키워드)와 달성해야 할 '분위기'(흥미 유발)를 제공하여 글의 방향성을 잡아주었습니다.
- **[형식: 3단 구성, 400자]** 이 프롬프트의 핵심입니다. AI가 헤매지 않고 내가 원하는 틀(도입-배경-예고)에 정확히 맞춰 글을 쓰도록 '구조'와 '분량'을 명확히 지정했습니다.

활용 팁

- **개선하기** AI가 써준 서론이 너무 자극적이라면, "조금 더 학술적인 톤으로 수정해 줘. 인용할 만한 유명 미디어 학자의 말을 하나 넣어서 시작해 볼래?"라고 수정할 수 있습니다.
- **확장하기** 서론이 마음에 든다면, "방금 네가 예고한 내용을 바탕으로, 이 리포트의 '본론' 목차(Outline)를 3개의 챕터로 구성해 줘"라고 요청하여 리포트의 뼈대를 잡을 수 있습니다.

2단계. 취업 준비에 활용하기

자기소개서 작성, 면접 준비 등 '나'를 브랜딩하는 데 AI를 활용합니다.

예시 3: 밋밋한 경험을 매력적인 '자기소개서'로 바꾸기

• **상황** 카페 아르바이트 경험을 자기소개서 '직무 역량' 항목에 녹여내고 싶은데, 그냥 '열심히 일했다' 말고는 쓸 말이 떠오르지 않을 때.

• **나쁜 예시** "카페 알바 경험으로 자소서 써줘." - AI는 내가 어떤 직무에 지원하는지, 어떤 역량을 강조하고 싶은지 몰라서 매력 없는 일반론적인 글을 쓸 수밖에 없습니다.

• **좋은 예시**

[역할] 너는 대기업 인사팀 채용 담당자이자 자기소개서 전문 컨설턴트야.
[목표] 내 경험을 내가 지원하는 직무(서비스 기획자)에 필요한 역량과 연결하고 싶어. 내가 가진 경험(사실)을 'STAR 기법(Situation, Task, Action, Result)'에 맞춰 재구성해 줘.
[상황] - 경험: 1년간 카페에서 바리스타로 아르바이트함.
  - 사실1 (S,T): 신메뉴가 나왔는데 고객들이 잘 몰라서 재고가 많이 남음.
  - 사실2 (A): 내가 직접 '신메뉴 시음회'와 'SNS 인증 이벤트'를 기획하자고 점장님께 제안함.
  - 사실3 (R): 이벤트 진행 후 해당 신메뉴 매출이 2배 증가함.
  - 지원 직무 역량: #데이터 기반 문제해결, #주도적인 기획력, #실행력
[형식] 위의 '사실'들을 조합해서, '주도적인 기획력과 문제 해결 능력'을 강조하는 300자 분량의 자소서 문단으로 작성해 줘.

2단계. 취업 준비에 활용하기

- **프롬프트 분석**
  - **[역할: 인사팀 담당자]** AI에게 '평가자'의 관점을 부여하여, 지원자가 아닌 '채용 담당자가 뽑고 싶은' 내용으로 글을 쓰도록 유도했습니다.
  - **[목표: STAR 기법 재구성]** 'STAR 기법'이라는 업계 표준 프레임워크를 제시하여, AI가 내 경험을 구조화된 방식으로 정리하도록 했습니다.
  - **[상황: 사실 1,2,3과 직무 역량]** 이 프롬프트의 핵심입니다. AI에게 '재료'(나의 팩트)와 '양념'(강조할 역량 키워드)을 명확히 제공했습니다. AI는 이 재료들을 조합하여 '서비스 기획자'에게 어울리는 요리(문단)를 만들어냅니다.
  - **[형식: 300자 문단]** 자소서 항목에 맞는 구체적인 분량을 지정했습니다.

- **활용 팁**
  - **변형하기** 하나의 경험을 여러 곳에 활용하는 것이 중요합니다. "방금 써준 내용을 이번에는 '데이터 분석' 직무에 지원하는 버전으로 바꿔줘. '매출 2배 증가'라는 '데이터'를 발견하고 '분석'한 과정을 좀 더 강조해 줘"라고 요청할 수 있습니다.
  - **확장하기** "이 경험을 바탕으로 면접관이 물어볼 만한 '예상 꼬리 질문' 3가지와 모범 답안을 만들어 줘."라고 요청하여 면접까지 대비할 수 있습니다.

부록 실전 활용법 10 - 상황별 프롬프트

예시 4: AI와 함께하는 '압박 면접' 시뮬레이션

- **상황** 면접이 내일인데, 예상치 못한 질문(압박 면접)에 대비하고 싶고 실전 연습이 필요할 때.

- **나쁜 예시** "면접 연습하자. 질문해 봐." - 어떤 회사의 어떤 직무 면접인지, 내 이력서는 어떤지 AI가 전혀 모르기 때문에 일반적인 질문(장단점, 지원동기)밖에 할 수 없습니다.

- **좋은 예시**

  [역할] 지금부터 너는 '삼성전자 반도체' 부문의 1차 실무 면접관이야. 아주 꼼꼼하고 날카로운 스타일의 면접관 역할을 맡아줘.
  [목표] 나와 '삼성전자 반도체' 직무 모의 면접을 진행해 줘. 내가 제출한 이력서와 자소서 내용을 바탕으로 질문해야 해.
  [상황] (본인 이력서 핵심 요약 붙여넣기. 예: "A 프로젝트에서 3개월간 인턴 경험 있음. 반도체 8대 공정 과목 A+ 받음.") 나는 지금 면접장에 앉아있는 지원자야. 너는 내 답변에 대해 반드시 '꼬리 질문'이나 '압박 질문'을 1~2개 해야 해.
  [형식] 실제 면접처럼 진행해 줘. 너는 한 번에 하나의 질문만 하고 내 답변을 기다려. 내가 "답변 완료"라고 말하기 전까지는 다음 질문으로 넘어가지 마. 첫 번째 질문부터 시작해.

- **프롬프트 분석**

  - **[역할: 날카로운 면접관]** 구체적인 '회사명'과 '직무', 그리고 면접관의 '성격'(날카로운 스타일)까지 부여하여 시뮬레이션의 난이도와 분위기를 현실적으로 만들었습니다.

  - **[목표: 모의 면접 진행]** AI에게 대화의 목적을 분명히 했습니다.

- **[상황: 내 이력서, 꼬리 질문 필수]** AI가 질문할 '데이터'(내 이력서)를 제공하고, '꼬리 질문'이라는 특별 규칙을 부여해 단순 문답이 아닌 압박 면접 상황을 연출했습니다.
- **[형식: 1문 1답, "답변 완료" 규칙]** AI가 혼자 질문하고 혼자 답하는 것을 방지하고, 실제 대화처럼 핑퐁을 주고받기 위한 '대화 규칙'을 정했습니다.

활용 팁

- **피드백 받기** 모의 면접이 끝난 후, "오늘 내가 답변한 내용 중에서 가장 아쉬웠던 점 1가지와 그 이유를 면접관의 입장에서 설명해 줘. 그리고 그 답변을 어떻게 개선하면 좋을지 모범 답안 예시를 보여줘."라고 요청하여 객관적인 피드백을 받을 수 있습니다.
- **난이도 조절** "이번에는 좀 더 부드럽고 친절한 면접관 역할을 맡아줘. 내 답변의 장점을 칭찬해 주면서 진행해 줘."라고 역할을 변경하여 긴장을 풀고 연습할 수도 있습니다.

3단계. 업무에 활용하기

이메일, 보고서, 기획, 회의 등 가장 많은 시간을 쏟는 업무의 효율을 높입니다.

예시 5: 1시간짜리 회의록, 3줄 요약하고 '할 일' 뽑기

- **상황** 1시간 동안 회의에 참여하긴 했는데, 대화가 너무 길어져서 결국 결론이 뭐였는지, 그래서 내가 뭘 해야 하는지(액션 아이템) 정리가 안 될 때.

- **나쁜 예시** "회의록 요약해 줘." - AI는 이 회의록에서 사용자가 '결론'을 원하는지, '할 일'을 원하는지 모르기 때문에 그저 전체 내용을 축약하는 데 그칠 것입니다.

- **좋은 예시**

[역할] 너는 아주 꼼꼼하고 핵심을 잘 파악하는 프로젝트 매니저(PM)야.
[목표] 아래 회의록 텍스트를 분석해서, 회의의 '핵심 결론'과 각 담당자가 수행해야 할 '액션 아이템(To-do List)'을 명확하게 분리해서 요약해 줘.
[상황] - 회의 주제: 2분기 신제품 마케팅 킥오프 미팅
     - 회의 내용: (회의록 내용 붙여넣기)
[형식] 아래 항목으로 구분해서 정리해 줘.
    1) 핵심 결론: (3줄 요약)
    2) 액션 아이템 (To-do List)
      - [담당자 이름]: 해야 할 일 (기한: YY/MM/DD)
      - [담당자 이름]: 해야 할 일 (기한: YY/MM/DD)
    3) 다음 회의 일정

3단계. 업무에 활용하기

- **프롬프트 분석**
  - **[역할: 프로젝트 매니저(PM)]** 'PM'이라는 역할을 부여하여, 단순 요약이 아닌 프로젝트 관리 관점에서 '실행' 중심(즉, 액션 아이템)으로 정리하도록 유도했습니다.
  - **[목표: 결론과 액션 아이템 '분리']** 이것이 핵심입니다. 그냥 '요약'이 아니라 '결론'과 '할 일'을 구분하여 정리하도록 명확히 지시했습니다.
  - **[상황: 회의록 원본 텍스트]** AI가 분석할 '데이터'를 제공했습니다. 텍스트가 길어도 그대로 붙여넣으면 됩니다.
  - **[형식: 템플릿 제공]** 사용자가 원하는 결과물의 템플릿(1. 2. 3.)을 명확히 제시하여, AI가 다른 소리 없이 내가 원하는 양식 그대로 정리하게 만들었습니다.

활용 팁

- **후속 업무 자동화** "위 '액션 아이템'을 바탕으로, 각 담당자에게 보낼 업무 팔로업 이메일 초안 2개를 작성해 줘. 각 메일에는 담당자의 할 일과 기한을 명시해 줘."라고 요청하여 후속 업무까지 자동화할 수 있습니다.
- **정보 추출** "위 회의록에서 '예산'이나 '비용'과 관련해서 언급된 부분만 모두 찾아서 정리해 줘."

부록 실전 활용법 10 - 상황별 프롬프트

예시 6: 까다로운 요청 정중하게 거절하는 이메일 쓰기

· **상황** 타 부서에서 무리한 업무 일정을 요청했는데, 이제 막 입사한 사회초년생이라 어떻게 정중하고 단호하게 거절 후 일정을 조율해야 할지 모를 때.

· **나쁜 예시** "김 과장님한테 일정 안 된다고 메일 좀 써줘." - AI는 상대방의 직급, 요청 내용, 안 되는 이유, 나의 대안을 전혀 몰라 아무것도 쓸 수 없거나, 매우 무례한 메일을 쓸 수 있습니다.

· **좋은 예시**

[역할] 너는 10년 차 비즈니스 커뮤니케이션 전문가야. 상대방의 기분을 상하지 않게 하면서도 내 입장을 명확히 전달하는 노하우가 있어.
[목표] 타 부서의 무리한 요청을 거절하고, 가능한 대안을 제시하는 프로페셔널한 비즈니스 이메일 초안을 작성해 줘.
[상황] - 요청자: B팀 김 과장님 (나보다 직급이 높음)
　　　 - 요청 내용: 오늘 오후 3시에 A 데이터 분석 자료를 내일 오전 9시까지 달라고 요청함.
　　　 - 내 상황: A 데이터 분석은 최소 3일이 걸리는 작업임. 현재 다른 급한 업무(C 프로젝트)도 밀려있음.
　　　 - 내 의도: 1) 요청에 바로 응하기 어려움을 정중히 사과. 2) 불가능한 이유(물리적 시간 부족, C 프로젝트 선행)를 명확히 설명. 3) 가능한 일정(예: 다음 주 월요일 오전)을 대안으로 제시.
[형식] 한국 비즈니스 매너에 맞는 정중한 어투로, [제목]과 [본문](인사 - 핵심(거절) - 이유 - 대안 제시 - 마무리 인사)을 포함한 이메일 형식으로 작성해 줘.

- **프롬프트 분석**
  - **[역할: 커뮤니케이션 전문가]** '정중하면서도 프로페셔널한' 톤을 설정했습니다. 사회초년생에게 가장 필요한 능력입니다.
  - **[목표: 거절 및 대안 제시 이메일]** AI에게 '거절'이 핵심 목표임을 분명히 하되, '대안 제시'까지 포함하도록 했습니다.
  - **[상황: 요청자, 요청내용, 내 상황, 내 의도]** 이 프롬프트의 핵심입니다. AI가 프로페셔널한 이메일을 쓰는 데 필요한 모든 배경 정보(누가, 무엇을, 왜 안 되고, 어떻게 하고 싶은지)를 완벽하게 제공했습니다.
  - **[형식: 이메일 풀 포맷, 본문 5단 구성]** AI가 생성할 결과물의 뼈대를 '제목'과 '본문 5단 구성'으로 미리 지정해 주었습니다.

활용 팁
- **톤 조절** "잘 써줬는데, 내가 사회초년생이라 조금 더 겸손하고 조심스러운 어투로 수정해 줄 수 있을까?" 또는 "상대방이 너무 무리한 요청을 자주 해서, 이번에는 조금 더 단호한 어조로 바꿔줘."라며 미묘한 뉘앙스를 조절할 수 있습니다.
- **변형하기** "이 내용을 이메일이 아니라 구두로 말할 때(전화 통화 시) 사용할 스크립트로 바꿔줘. 김 과장님이 반박할 경우에 대비한 멘트도 하나 추가해 줘."

부록 실전 활용법 10 - 상황별 프롬프트

예시 7: 막막한 신규 프로젝트 아이디어 10개 뽑기

· **상황** 팀장님이 "MZ세대를 타겟으로 한 신규 앱 서비스 아이디어 좀 가져와 봐"라고 지시했는데, 아이디어가 하나도 생각나지 않을 때.

· **나쁜 예시** "MZ세대 앱 아이디어 10개 줘." - AI는 우리 회사가 뭘 잘하는지, 어떤 아이디어를 원하는지 몰라 이미 시장에 있거나 실현 불가능한 아이디어를 나열할 것입니다.

· **좋은 예시**

[역할] 너는 실리콘밸리에서 가장 잘나가는 스타트업 액셀러레이터야. 최신 IT 트렌드에 밝고, 시장의 니즈를 꿰뚫어 보는 통찰력이 있어.
[목표] '요즘 MZ세대의 라이프스타일'과 '최신 IT 기술(AI, 핀테크 등)'을 결합한 신규 앱 서비스 아이디어 10개를 브레인스토밍하고 싶어.
[상황] - 타겟: 20대 초반 대학생 및 사회초년생 (MZ세대)
　　　　- **이들의 핵심 니즈**: #자기계발, #재미(Gamification), #간편함, #소속감
　　　　- **우리 회사 강점**: #강력한 AI 기술력, #커뮤니티 운영 노하우
[형식] 아래와 같은 표 형식으로 정리해 줘.
　　　이름 | 핵심 기능 | 타겟 고객 | 왜 성공할지(이유)

· **프롬프트 분석**

· **[역할: 실리콘밸리 액셀러레이터]** 트렌디하고 창의적인 전문가 역할을 부여하여, 진부하지 않은 '혁신적인' 아이디어를 생성하도

록 유도했습니다.
- **[목표: 브레인스토밍]** '정답'이 아닌 '아이디어'를 원한다는 것을 명확히 했습니다.
- **[상황: 타겟, 니즈, 우리 회사 강점]** 이 프롬프트의 핵심입니다. AI가 아이디어를 생성할 때 고려해야 할 '제약 조건'을 명확히 주었습니다. 특히 '우리 회사 강점'을 제시함으로써, 실현 불가능한 아이디어가 아닌 '우리가 잘할 수 있는' 아이디어를 내도록 유도했습니다.
- **[형식: 표, 항목 지정]** 가독성 높은 '표' 형식과, 단순 아이디어 나열이 아닌 '성공 이유'까지 분석하도록 항목을 지정했습니다.

활용 팁
- **아이디어 심화 (SWOT 분석)** AI가 제시한 아이디어 중 마음에 드는 것을 골라 "위 10개 아이디어 중에서 3번, 7번 아이디어가 흥미로워. 이 두 아이디어의 잠재적 리스크(단점)와 성공을 위한 핵심 전략(KSF)을 각각 3가지씩 알려줘."라고 질문하여 아이디어를 심화시킬 수 있습니다.
- **관점 변경** "이번에는 '투자자'의 입장에서 위 10개 아이디어를 냉정하게 평가하고, 가장 리스크가 큰 아이디어 3개를 탈락시켜 줘."

4단계. 일상에서도 활용하기

업무 외적으로 AI를 활용하여 여행, 요리, 자기계발 등 삶의 질을 높이는 예시입니다.

예시 8: MBTI 'J'처럼 완벽한 3박 4일 여행 계획 짜기

- **상황** 3박 4일 '부산'으로 여행을 가려는데, 맛집, 관광지, 동선 등을 하나하나 검색하고 계획 짜는 것이 너무 귀찮을 때.
- **나쁜 예시** "부산 3박 4일 여행 계획 짜줘." - AI는 사용자의 예산, 취향, 동행자, 숙소 위치를 몰라 사용 불가능한 일반적인 계획을 줍니다.
- **좋은 예시**

[역할] 너는 부산 토박이이자 MBTI가 'J' 성향(계획형)인 꼼꼼한 여행 플래너야.
[목표] 3박 4일 부산 커플 여행을 위한 완벽한 일정표를 작성해 줘.
[상황] - 인원: 20대 후반 커플 (2명)
 - 예산: 1인당 50만 원 (항공권 제외)
 - 테마: 70%는 유명 관광지, 30%는 현지인만 아는 맛집 (웨이팅 30분 이상은 싫어함)
 - 필수 코스: 해수욕장, 감천문화마을은 반드시 포함.
 - 숙소: 해운대 근처 호텔 (동선 계획에 매우 중요!)
[형식] '1일 차', '2일 차', '3일 차', '4일 차'로 나누고, 각 날짜를 '오전/오후/저녁'으로 구분해 줘. 각 일정별 '이동수단(도보, 버스, 택시)'과 '예상 비용'을 포함한 '표' 형식으로 만들어 줘.

4단계. 일상에서도 활용하기

- **프롬프트 분석**
  - **[역할: J 성향 부산 토박이]** '꼼꼼함(J)'과 '현지 정보력(토박이)'이라는 두 가지 핵심 능력을 역할에 부여했습니다.
  - **[목표: 완벽한 일정표]** AI에게 이 작업의 목표를 명확히 했습니다.
  - **[상황: 인원, 예산, 테마, 싫어하는 것, 필수 코스, 숙소 위치]** AI가 현실적인 계획을 짜는 데 필요한 모든 제약 조건을 구체적으로 제공했습니다. 특히 '숙소 위치'와 '싫어하는 것(웨이팅)'은 동선과 맛집을 정하는 데 결정적인 정보입니다.
  - **[형식: 표, 항목 지정]** 내가 한눈에 보기 편한 '표' 형식과, '이동수단', '예상 비용' 등 꼭 필요한 항목을 지정했습니다.

활용 팁
- **변수 대비** "위 일정에서 비가 올 경우를 대비한 '대체 일정(Plan B)'을 각 날짜별로 1개씩 추가해 줘. 실내 활동 위주로." 라고 요청하여 변수까지 대비할 수 있습니다.
- **정보 추출** "위 일정표에 나온 모든 맛집의 '주소', '대표 메뉴', '예상 가격대'를 따로 표로 정리해 줘."

예시 9: 냉장고 속 재료로 10분 만에 저녁 메뉴 추천받기

• **상황** 저녁 시간은 다가오는데, 장 보러 가기는 귀찮고, 냉장고에 있는 재료로 뭘 해 먹어야 할지 도저히 생각이 나지 않을 때.

• **나쁜 예시** "계란이랑 김치로 뭐 해 먹어?" - AI는 김치볶음밥, 김치전 등 뻔한 메뉴를 제시할 것이며, 내가 가진 다른 재료나 도구를 고려하지 않습니다.

• **좋은 예시**

[역할] 너는 '냉장고 파먹기' 전문 요리사야. 15분 만에 간단한 요리를 뚝딱 만드는 게 특기지.
[목표] 내가 지금 가진 재료로만 만들 수 있는 저녁 메뉴와 초간단 레시피 3가지를 추천해 줘.
[상황] - 현재 재료: 계란 4개, 신김치, 대파 약간, 스팸 1캔, 밥
         (간장, 설탕 등 기본 양념은 있다고 가정)
        - 가진 조리 도구: 에어프라이어, 전자레인지
        - 조건: 15분 이내 완성, 약간 매콤한 맛 선호, 설거지 적게 나오는 요리
[형식] 각 메뉴별로 '요리 이름', '필요 재료', '초간단 레시피 (Step-by-step)' 형식으로 정리해 줘.

• **프롬프트 분석**

• **[역할: 냉장고 파먹기 전문가]** '15분', '간단한 요리'라는 키워드를 역할에 부여해 AI의 답변 방향을 '빠르고 쉬운' 레시피로 한정했습니다.

• **[목표: 가진 재료로만, 3가지]** AI가 새로운 재료를 사라고 제안하지 못하게 '가진 재료로만'이라고 명확히 선을 그었습니다.

- **[상황: 재료, 조리 도구, 조건]** 이 프롬프트의 핵심입니다. '재료' 뿐만 아니라 '조리 도구(에어프라이어)'를 알려주어 바로 실행 가능한 요리를 제안하도록 유도했습니다. '설거지 적게' 같은 조건도 AI는 반영합니다.
- **[형식: 템플릿 지정]** 내가 바로 보고 따라 할 수 있도록 깔끔한 템플릿을 지정했습니다.

활용 팁
- **재료 추가/변경** "추천해 준 3가지 메뉴 중 1번(스팸김치볶음밥)을 만들려고 해. 혹시 스팸 대신 넣을 만한 다른 재료(베이컨, 참치 등)가 있다면 추가로 알려줘." 또는 "여기에 '치즈'를 추가하면 더 맛있게 먹을 수 있는 방법이 있을까?"
- **레시피 변형** "1번 메뉴를 '아이'가 먹을 수 있게 '맵지 않은' 버전의 레시피로 바꿔줘."

부록 실전 활용법 10 - 상황별 프롬프트

예시 10: 나만을 위한 '30일 챌린지' 운동/학습 루틴 만들기

- **상황** 매일 꾸준히 영어 공부를 하고 싶은데, 의지가 약해서 금방 포기한다. 동기부여가 되는 구체적인 계획이 필요할 때.

- **나쁜 예시** "영어 공부 계획 짜줘." - AI는 현재 나의 수준, 원하는 목표, 공부할 수 있는 시간 등을 모르기 때문에 매우 단순하거나 현실성 없는 뻔한 계획(매일 1시간 단어 외우기, 매주 반복하기 등)을 제시할 것입니다.

- **좋은 예시**

  [역할] 너는 동기부여 전문 자기계발 코치야. 작심삼일을 방지하는 매우 현실적이고 구체적인 계획을 짜는 전문가야.
  [목표] '직장인을 위한 30일 영어 스피킹 챌린지' 계획표를 만들어 줘.
  [상황] - 내 수준: 토익 700점 수준. 독해는 가능, 스피킹 취약.
  - 내 목표: 비즈니스 이메일 작성 및 간단한 일상 회화가 가능해지는 것.
  - 가능한 시간: 매일 아침 출근 전 딱 30분 (이 이상은 절대 불가능)
  - 추가 조건: 주말은 복습 위주로 가볍게 구성. 실패하지 않도록 매일의 과제가 매우 구체적이어야 함 (예: '열심히 하기' X, '섀도잉 10분' O)
  [형식] 1주 차부터 4주 차까지, 각 '일(Day)'별로 수행할 구체적인 '학습 내용'과 '분량'(예: 섀도잉 10분, 영작 3문장)을 '표'로 정리해 줘. 1주 차 시작 전에 동기부여가 되는 응원 메시지도 하나 적어줘.

4단계. 일상에서도 활용하기

- **프롬프트 분석**
  - **[역할: 동기부여 코치]** 단순히 '계획'만 짜는 게 아니라 '동기부여'와 '현실성'(작심삼일 방지)을 강조하는 역할을 부여했습니다.
  - **[목표: 30일 챌린지 계획표]** 명확한 기간과 주제를 설정했습니다.
  - **[상황: 수준, 목표, 시간, 조건]** 이 프롬프트의 핵심입니다. '내 수준'과 '목표'를 제시해 계획의 난이도를 설정하고, '매일 30분'이라는 '현실적인 제약'을 명시했습니다. '구체적인 과제'를 요구함으로써 AI가 '열심히 하기' 같은 모호한 계획을 짜지 못하게 막았습니다.
  - **[형식: 표, 응원 메시지]** '표'로 가독성을 높이고 '응원 메시지'를 요청하여 계획 뿐만 아니라 [역할]에 맞는 감성적인 결과물도 함께 받도록 했습니다.

활용 팁
- **구체화** "1일 차 계획인 '섀도잉 10분'을 구체적으로 어떻게 해야 할지, 초보자를 위한 섀도잉 방법 5단계(Step-by-step)로 설명해 줘. 그리고 섀도잉하기 좋은 유튜브 채널 3개도 추천해 줘."
- **피드백 및 조정** "오늘 3일 차 계획을 해봤는데, '영작 3문장'이 생각보다 너무 쉬웠어. 내 수준에 맞게 4일 차부터는 난이도를 조금 더 높여서 계획을 수정해 줘."

부록
AI 용어 100

AI가 우리의 일상과 업무에 깊숙이 스며드는 'AI 시대입니다. 낯설게만 느껴졌던 AI 용어들을 미리 알아두면, 기술의 변화를 더 빨리 이해하고 AI를 더 효과적으로 활용하는 데 큰 도움이 됩니다.

특히 '학습', '맥락', '감정', '편향'처럼 우리가 일상생활에서도 흔히 쓰는 단어들이 AI 관련 관점에서는 어떻게 정의되고 활용되는지에 초점을 맞추어 설명했습니다. 이 용어 사전이 AI라는 새로운 언어를 배우는 여러분에게 든든한 길잡이가 되기를 바랍니다.

ㄱ (9)

01. 가중치 (Weight) ★★☆☆☆

인공신경망에서 한 뉴런(신경세포)에서 다음 뉴런으로 신호를 전달할 때, 그 신호의 '중요도'나 '영향력'을 조절하는 값입니다. AI의 '학습' 과정은 본질적으로 이 가중치 값을 미세하게 조정하여(예: 이 특징이 정답에 더 중요하다면 가중치를 높임) 정답에 가장 가까운 결과를 도출하도록 만드는 것입니다. 즉, 수백만, 수십억 개의 가중치 값들이 모여 AI 모델이 학습한 '지식' 그 자체를 이룬다고 볼 수 있습니다.

02. 감각 (Sensation / Sensor) ★☆☆☆☆

AI가 디지털 세계를 넘어 물리적 현실 세계를 인지하는 능력을 의미합니다. 인간이 눈, 코, 귀, 피부를 통해 세상을 감각하듯, 로봇이나 휴머노이드는 카메라(시각), 마이크(청각), 압력/온도 센서(촉각) 등의 센서 장치를 통해 주변 환경 데이터를 수집합니다. AI '두뇌'는 이러한 센서가 수집한 데이터를 인간의 '감각'처럼 입력받아 상황을 판단하고(예: 앞에 장애물이 있다) 다음 행동을 결정합니다.

03. 감정 (Emotion) ★☆☆☆☆

현재 AI가 진정으로 '느끼거나' '공감하기' 어려운 대표적인 영역입니다. AI는 텍스트나 표정을 분석해 감정을 '인식'(Emotion Recognition)하거나 대화에서 감정적인 반응을 '모방'할 수는 있지만, 인간과 같은 주관적인 감정을 실제로 소유하지는 못합니다. 이는 AI의 명확한 한계이며, AI와 인간을 구분하는 중요한 기준이 됩니다.

04. 감정 인식 (Emotion Recognition) ★★☆☆☆

AI가 사람의 표정 변화, 목소리의 높낮이와 톤, 텍스트의 뉘앙스 등을 분석하여 그 사람의 현재 감정 상태(예: 기쁨, 슬픔, 분노, 놀람)를 파악하는 기술입니다. 서비스 로봇, 콜센터 응대, 정신 건강 모니터링 등 인간과의 상호작용이 중요한 분야에서 활용도가 높습니다. 다만, 문화적 차이나 개인적 표현의 차이를 AI가 잘못 해석할 수 있다는 윤리적 문제가 있습니다.

05. 강화 학습 (Reinforcement Learning) ★★★★★

AI의 주요 학습 방식(지도, 비지도, 강화) 중 하나입니다. AI가 특정 '환경' 안에서 어떤 '행동'을 했을 때, 그 결과로 '보상'(점수 획득) 또는 '벌칙'(점수 잃음)을 받으면서 스스로 학습하는 방식입니다. 정해진 정답 없이, 수많은 시행착오를 겪으며 '총 보상을 최대화하는 행동 전략'을 터득합니다. 알파고가 바둑을 배운 방식이나 로봇이 걷는 법을 배우는 데 사용됩니다.

06. 개인정보 (Personal Information) ★★★☆☆

이름, 연락처, 주소, 생체 정보처럼 개인을 식별할 수 있는 모든 정보입니다. AI를 학습시킬 때 방대한 데이터가 필요한데, 이 과정에서 개인정보가 포함되면 심각한 사생활 침해나 보안 문제가 발생할 수 있습니다. 따라서 AI를 개발하고 활용할 때, 데이터를 '비식별화' 처리(누구의 정보인지 모르게 만듦)하고 안전하게 관리하는 것이 AI 윤리의 핵심 과제입니다.

07. 검증 (Verification) ★★★★☆

AI가 제시한 결과물이 정확한지, 사실에 부합하는지, 논리적으로 타당한지 사용자가 확인하고 점검하는 과정입니다. 특히 생성형 AI는 '환각(Hallucination)' 현상으로 인해 그럴듯한 거짓 정보를 만들어낼 수 있으므로, AI의 답변을 그대로 믿지 않고 교차 검증(팩트체크)하는 '비판적 활용' 자세가 매우 중요합니다.

08. 공존 (Coexistence) ★★☆☆☆

인간과 AI가 서로 대립하거나 한쪽이 다른 쪽을 대체하는 관계가 아닌, 각자의 강점을 살려 함께 협력하며 살아가는 미래의 상태를 의미합니다. AI는 인간의 반복적인 작업을 대신하고, 인간은 AI가 할 수 없는 창의적이고 윤리적인 판단에 집중하며 시너지를 내는 것을 목표로 합니다. AI 시대의 사회적 목표이기도 합니다.

09. 규칙 (Rule) ★★★☆☆

AI 에이전트나 챗봇에게 특정 상황에서 어떻게 행동해야 하는지를 명확하게 정의하는 '지침' 또는 '제약 조건'입니다. 예를 들어, "AI 비서는 절대 사용자의 개인정보를 외부로 전송하면 안 된다" 또는 "항상 친절한 말투를 사용해야 한다"와 같은 것이 규칙이 될 수 있습니다. 이는 AI의 행동을 제어하고 안전성을 확보하는 데 중요합니다.

ㄴ (2)

10. 넛지 (Nudge) ★☆☆☆☆

'팔꿈치로 쿡 찌르다'는 뜻으로, 강제 없이 부드러운 개입을 통해 사람들이 더 좋은 선택을 하도록 유도하는 방식입니다. AI 분야에서는 사용자의 건강한 습관 형성을 돕거나(예: "오늘 아직 500걸음밖에 안 걸으셨네요!"), 더 효율적인 작업 방식을 제안하는(예: "이 작업은 자동화할 수 있습니다.") 등 긍정적인 행동 변화를 유도하는 데 활용될 수 있습니다.

11. 뉴런 (Neuron) ★★★☆☆

인간 뇌 신경계의 기본 단위인 '신경세포'입니다. 뉴런은 다른 뉴런으로부터 전기적 신호를 받아, 이 신호가 특정 기준(임계값)을 넘으면 다음 뉴런으로 신호를 전달합니다. '인공신경망(ANN)'은 바로 이 뉴런의 작동 원리를 수학적 함수로 단순하게 모방하여 만들었습니다. 즉, 딥러닝 AI의 가장 기본적인 구성 블록입니다.

ㄷ (8)

12. 대규모 언어 모델 (Large Language Model, LLM) ★★★★★

'거대 언어 모델'이라고도 부릅니다. 인터넷에 존재하는 방대한 양의 텍스트 데이터(수천억 개의 단어와 문장)를 학습하여, 인간처럼 자연스러운 언어를 이해하고, 요약하며, 번역하고, 생성할 수 있는 초거대 AI 모델입니다. 챗GPT의 기반이 되는 GPT-3, GPT-4 등이 대표적입니다. 엄청난 양의 '매개변수'를 가지고 있어 복잡한 언어 패턴을 학습할 수 있습니다.

13. 단계적 검증 (Step-by-step Verification) ★★★★☆

AI가 복잡한 질문에 대해 내놓은 긴 답변이나 복잡한 결과물을 한 번에 믿고 받아들이지 않는 방식입니다. AI의 답변을 논리적인 여러 단계로 쪼개어, 각 단계의 사실관계나 논리적 연결이 올바른지 사용자가 직접 하나씩 확인하고 검증하는 것을 의미합니다. 이는 AI의 '환각'이나 오류를 걸러내는 매우 효과적인 팩트체크 방법입니다.

14. 단순 AI (Simple AI) ★★☆☆☆

스스로 복잡한 계획을 세우거나 자율적으로 행동하지 못하고, 정해진 규칙이나 제한된 데이터 안에서만 작동하는 AI를 의미합니다. (예: 스팸 메일 필터, 간단한 챗봇 응대) 책에서 사용되는 '단순 AI'는 'AI 에이전트'와 대비되는 개념으로, 사용자의 명령에 수동적으로 답하는 단계를 의미합니다.

15. 데이터 (Data) ★★★★☆

AI를 학습시키는 데 사용되는 모든 종류의 정보입니다. 텍스트, 이미지, 숫자, 음성 파일 등 AI에게는 '교과서'이자 '음식'과도 같습니다. AI는 이 데이터를 학습하여 그 안에 숨겨진 '패턴'을 찾아냅니다. 데이터의 '양'과 '질'이 AI 모델의 성능을 결정하는 가장 중요한 요소입니다. "쓰레기가 들어가면 쓰레기가 나온다 (Garbage In, Garbage Out)"는 말이 있을 정도입니다.

16. 데이터셋 (Dataset) ★★★★☆

AI 학습이나 성능 평가 등 특정 목적을 위해 체계적으로 모아둔 '데이터의 집합'입니다. 예를 들어, 고양이 이미지 10만 장을 모아 '고양이 분류 모델 학습용 데이터셋'을 만들 수 있습니다. AI 모델은 이 데이터셋을 이용해 학습하고, 학습에 사용되지 않은 별도의 '테스트 데이터셋'으로 성능을 평가받습니다.

17. 도구 (Tool) ★★☆☆☆

AI 에이전트가 사용자의 복잡한 목표를 달성하기 위해 스스로 선택하여 사용하는 '외부 기능'입니다. 에이전트의 '뇌'(LLM)는 텍스트를 생성하고 계획을 세울 수 있지만, 실제 행동을 실행하려면 (예: 최신 정보 검색, 계산, 코드 실행, 이메일 전송) 이 '도구'가 필요합니다. 인간이 망치가 필요할 때 망치를 꺼내 쓰듯, AI가 인터넷 검색이나 계산기 API를 꺼내 쓰는 것을 의미합니다.

18. 돌봄 (Care) ★☆☆☆☆

AI와 로봇 기술이 인간의 삶의 질을 높이는 데 기여할 수 있는 대표적인 서비스 분야입니다. 특히 고령화 사회에서 노인이나 환자를 모니터링하고, 말벗이 되어주며, 간단한 가사를 돕는 '돌봄 로봇'이나 'AI 휴머노이드'의 필요성이 커지고 있습니다. 인간의 감정적 교류를 완벽히 대체할 수는 없지만, 물리적, 정서적 보조 역할을 수행할 수 있습니다.

19. 딥러닝 (Deep Learning) ★★★★★

'머신러닝'의 한 분야이자, 현대 AI 발전의 핵심 기술입니다. 인간의 뇌 신경망(뉴런) 구조를 모방한 '인공신경망'을 매우 '깊게'(Deep), 즉 여러 층으로 겹겹이 쌓아올린 구조를 사용합니다. 이 깊은 구조 덕분에 데이터 속에 숨겨진 매우 복잡하고 추상적인 패턴(예: 이미지 속 사물의 형태, 문장의 미묘한 뉘앙스)까지 AI가 스스로 학습할 수 있습니다.

ㄹ (3)

20. 로드맵 (Roadmap) ★☆☆☆☆

AI 시대를 살아가는 개인이 뒤처지지 않고 성장하기 위해 설정하는 '개인 성장 로드맵'을 의미합니다. 예를 들어, '1단계: AI 기본 용어 익히기', '2단계: 프롬프트 작성법 배우기', '3단계: AI 자동화 도구 업무에 적용하기'와 같은 자신만의 학습 및 적용 계획입니다.

21. 로봇 (Robot) ★★★☆☆

프로그래밍된 명령을 수행하거나 AI의 제어를 받아 물리적인 작업을 자동으로 수행하는 '기계 장치'입니다. AI가 '두뇌'라면 로봇은 '신체'에 해당합니다. AI가 탑재된 로봇은 단순히 반복 작업만 하는 것을 넘어, 센서로 주변 환경을 '인지'하고, AI로 '판단'하며, 구동 장치(액추에이터)로 '행동'할 수 있습니다. 휴머노이드는 인간의 형상을 한 로봇의 한 종류입니다.

22. 루틴 (Routine) ★☆☆☆☆

매일 반복되는 습관적인 작업이나 절차입니다. AI 분야에서는 이러한 '반복 업무'를 AI 도구나 에이전트를 활용해 '자동화된 작업 흐름(워크플로우)'으로 만드는 것을 의미합니다. 예를 들어, '매일 아침 9시마다 주요 뉴스 기사를 수집해 3줄로 요약하고 나에게 이메일로 보내기'와 같은 AI 루틴을 만들어 개인 생산성을 극대화할 수 있습니다.

ㅁ (6)

23. 마인드셋 (Mindset) ★★☆☆☆

AI라는 새로운 기술을 '경쟁자'나 '위협'으로만 보지 않고, '강력한 조수'이자 '성장의 도구'로 받아들이는 개방적이고 긍정적인 태도를 의미합니다. 또한, 기술이 계속 진화하므로 끊임없이 배워야 한다는 '평생학습 마인드셋'이 AI 시대에 필수적으로 요구됩니다.

24. 맞춤형 (Customized) ★★★☆☆

AI 서비스나 에이전트를 사용자의 특정 요구, 목적, 스타일에 딱 맞게 설정하거나 조정하는 것을 의미합니다. 예를 들어, AI 비서에게 나의 말투, 선호하는 정보 형식, 자주 찾는 연락처 등을 학습시켜 '나만의 AI 어시스턴트'를 만드는 것입니다. AI가 고도화될수록 이렇게 개인에게 최적화된 맞춤형 서비스가 중요해집니다.

25. 매개변수 (Parameter) ★★★★☆

AI 모델이 학습을 통해 데이터에서 발견한 '패턴'을 저장하는 값들입니다. 주로 '가중치(weight)'와 '편향(bias)'으로 구성되며, 이 값들이 AI 모델의 성능과 지능을 결정합니다. 모델의 매개변수 개수가 많을수록(예: 수천억 개) 더 복잡하고 미묘한 패턴을 학습할 수 있습니다. LLM을 '초거대 AI'라고 부르는 이유는 이 매개변수 개수가 천문학적으로 많기 때문입니다.

26. 맥락 (Context) ★★★★☆

AI가 사용자의 말뜻을 정확하게 파악하는 데 결정적인 역할을 하는 정보입니다. "배가 부족해"라는 말은 과일가게(맥락1)에서는 과일인 배(pear)의 개수가 모자르다는 뜻이지만, 항구에서(맥락2)는 짐을 실을 배(ship)가 부족하다는 뜻일 수 있습니다. AI(특히 챗봇)가 바로 앞의 단어뿐만 아니라 이전의 대화 내용 전체(맥락)를 기억하고 이해하는 능력이 매우 중요합니다.

27. 머신러닝 (Machine Learning) ★★★★★

'기계 학습'. AI를 구현하는 핵심 접근 방식 중 하나입니다. 컴퓨터에게 '데이터'를 주고, 그 데이터 속에 숨겨진 '패턴'을 스스로 학습하게 하여(예: 고양이 사진 1만 장을 보여줌), 새로운 데이터에 대한 '예측'이나 '분류'를 할 수 있게(예: 처음 보는 사진이 고양이인지 아닌지 맞추게 함) 만드는 기술입니다. '딥러닝'은 이 머신러닝의 한 분야입니다.

28. 모델 (Model / AI Model) ★★★★★

특정 작업을 수행할 수 있도록 수많은 데이터로 '학습을 완료한 AI' 그 자체를 의미합니다. AI 모델은 데이터 속의 패턴을 학습한 결과물(수많은 '가중치'와 '매개변수' 값들의 집합)이며, 일종의 'AI 두뇌'라고 할 수 있습니다. 예를 들어, 'GPT-4'는 OpenAI가 만든 언어 모델의 이름이고, '챗GPT'는 그 모델을 사용자가 쓸 수 있게 만든 '서비스'입니다.

ㅂ (6)

29. 반복 작업 (Repetitive Task) ★★★☆☆

단순하고 기계적으로 계속 되풀이되는 일입니다. (예: 데이터 입력, 이메일 분류, 보고서 수치 정리) AI는 지치지 않고 빠르고 정확하게 이런 반복 작업을 처리하는 데 매우 강력한 능력을 발휘합니다. AI를 활용해 반복 작업을 '자동화'함으로써, 인간은 더 창의적이고 전략적인 일에 시간을 쏟을 수 있습니다. AI 시대에 가장 먼저 대체될 업무 영역으로 꼽힙니다.

30. 범용 인공지능 (Artificial General Intelligence) ★★★★☆

'강인공지능'이라고도 불립니다. 현재의 AI(약인공지능)처럼 번역, 그림 그리기 등 특정 작업만 잘하는 것이 아니라, 인간처럼 다양한 분야의 문제를 스스로 '생각'하고 '학습'하며 '해결'할 수 있는, 인간 수준의 포괄적 지능을 가진 가상의 AI입니다. AGI는 아직 공상과학(SF)의 영역에 머물러 있지만, 많은 AI 연구의 궁극적인 목표입니다.

31. 보안 (Security) ★★★★☆

AI 모델 자체를 해킹(적대적 공격)으로부터 보호하는 것, AI를 학습시키는 과정에서 '개인정보' 등 민감한 데이터가 유출되지 않도록 보호하는 것, AI가 생성한 악성 코드나 가짜뉴스(딥페이크)가 사회를 공격하는 것을 방지하는 것 등 다양한 차원의 안전 문제를 포함합니다. AI가 강력해질수록 보안의 중요성은 더욱 커집니다.

32. 브레인스토밍 (Brainstorming) ★☆☆☆☆

생성형 AI는 이 브레인스토밍의 훌륭한 파트너가 될 수 있습니다. AI는 지치지 않고 수십, 수백 개의 아이디어를 순식간에 제시할 수 있으며, 인간이 생각하지 못한 새로운 관점이나 키워드를 던져주어 창의적인 아이디어 발상을 촉진하는 '촉매제' 역할을 합니다.

33. 비지도 학습 (Unsupervised Learning) ★★★☆☆

AI의 주요 학습 방식 중 하나입니다. '지도 학습'과 달리, AI에게 '정답(라벨)'이 없는 데이터를 주고, AI가 스스로 데이터 속의 숨겨진 '패턴'이나 '구조'를 찾아내도록 하는 방식입니다. 예를 들어, 수천 명의 고객 데이터를 주면 AI가 알아서 'VIP 고객 그룹', '신규 고객 그룹', '이탈 예상 고객 그룹' 등으로 분류(클러스터링)하는 데 사용됩니다.

34. 빅데이터 (Big Data) ★★★★☆

기존의 방식으로는 수집, 저장, 분석하기 어려울 정도로 방대하고(Volume), 다양하며(Variety), 빠르게(Velocity) 생성되는 데이터를 의미합니다. AI, 특히 딥러닝 기술은 이 빅데이터를 '학습'하여 의미 있는 '패턴'을 찾아내는 데 특화되어 있습니다. 빅데이터는 AI 모델을 훈련시키는 '연료'와 같으며, AI 기술이 발전할 수 있었던 핵심 배경입니다.

ㅅ (8)

35. 사전 학습 (Pre-training) ★★★☆☆
대규모 언어 모델(LLM) 등을 만들 때, 특정 목적(예: 법률 문서 번역)에 맞추기 전에 먼저 인터넷의 방대한 일반 텍스트 데이터(뉴스, 책, 웹페이지 등)를 사용해 AI를 미리 학습시키는 1단계 과정입니다. 이 과정을 통해 AI는 언어의 기본적인 문법, 단어의 의미, 세상의 상식 등 광범위한 '기초 지식'을 갖추게 됩니다.

36. 상호작용 (Interaction) ★★★★☆
사람과 AI가 서로 정보를 주고받으며 영향을 미치는 과정입니다. 과거에는 인간이 명령하고 기계가 따르는 '일방적' 관계였다면, 챗GPT와 같은 AI와는 '대화'를 주고받으며 질문을 수정하고, AI의 답변을 개선하는 '쌍방향' 상호작용이 이루어집니다. 휴머노이드 로봇은 여기에 더해 물리적인 상호작용(악수, 물건 건네기)까지 포함합니다.

37. 상황 (Situation) ★★★☆☆
프롬프트를 작성할 때 AI에게 제공하는 구체적인 '배경 정보' 또는 '조건'입니다. AI에게 처리해야 할 '목표'만 주는 것이 아니라, "너는 초등학생을 가르치는 친절한 선생님이야"(역할), "지금은 수업 중이고 어려운 과학 개념을 설명해야 해"(상황)처럼 구체적인 상황을 부여하면 AI가 그 상황에 맞는 맥락적인 답변을 생성합니다. 프롬프트 공식의 중요 요소입니다.

ㅅ (8)

38. 성능 (Performance) ★☆☆☆☆

AI 모델이나 에이전트가 주어진 작업을 얼마나 '빠르고', '정확하게', '효율적으로' 처리하는지를 나타내는 척도입니다. AI의 성능은 학습 데이터의 품질, 모델의 크기(매개변수 수), 학습 방법 등에 따라 달라집니다. 사용자의 '피드백'을 통해 AI 에이전트의 성능을 지속적으로 개선할 수 있습니다.

39. 생성형 AI (Generative AI) ★★★★★

단순히 데이터를 분류하거나 예측(예: 이게 고양이다)하는 기존 AI와 달리, 학습한 데이터를 기반으로 세상에 없던 새로운 창작물(텍스트, 이미지, 오디오, 코드 등)을 '생성'해내는 AI 기술의 총칭입니다. 챗GPT나 미드저니가 대표적입니다. 기존 데이터의 패턴을 학습하여, 그럴듯한 다음 단어, 다음 픽셀을 이어 붙여 결과물을 만들어냅니다. 비전문가도 AI의 힘을 체감하게 만든 혁신의 중심입니다.

40. 소프트웨어 (Software) ★★☆☆☆

컴퓨터나 스마트폰 등 기기(하드웨어)를 작동시키는 프로그램, 앱, 운영체제 등을 총칭합니다. AI는 기본적으로 '소프트웨어'입니다. 챗GPT처럼 눈에 보이지 않는 프로그램으로 존재하며, 인터넷(클라우드)을 통해 접근합니다. 이 AI 소프트웨어(두뇌)가 로봇이라는 '하드웨어'(신체)와 결합하면 '휴머노이드' 같은 '물리 AI'가 됩니다.

41. 스마트폰 (Smartphone) ★☆☆☆☆

우리가 일상에서 가장 흔하게 AI 기술을 접하는 기기입니다. 사용자도 모르게 이미 많은 AI가 스마트폰에 탑재되어 있습니다. (예: 시리/빅스비 같은 '음성 비서', 사진을 찍을 때 자동으로 장면을 인식해 최적화하는 '카메라 AI', 키보드의 '자동 완성' 및 '오타 수정' 기능, '스팸 문자 필터링' 등)

42. 시너지 (Synergy) ★☆☆☆☆

여러 AI 에이전트가 각자의 전문 분야(예: 검색 담당, 요약 담당, 이메일 작성 담당)를 맡아 '협업'하여 복잡한 작업을 해결하는 것, '인간-에이전트 팀워크'처럼 인간의 창의성과 AI의 분석력이 결합하여 혼자일 때보다 훨씬 뛰어난 결과물을 만드는 것을 의미합니다.

○ (23)

43. API (Application Programming Interface) ★★☆☆☆

'응용 프로그램 프로그래밍 인터페이스'의 약자입니다. 서로 다른 두 프로그램이나 서비스가 정보를 원활하게 주고받을 수 있도록 미리 정해둔 '소통 창구' 또는 '통신 규약'입니다. 예를 들어, AI 에이전트가 사용자의 명령을 받고 '오늘 날씨'를 알려주기 위해 외부 날씨 정보 서비스에 접속할 때 이 API를 사용합니다. AI가 다른 도구나 서비스와 '협업'하기 위한 필수 도구입니다.

44. AI 리터러시 (AI Literacy) ★★★★★

AI 시대에 필수적인 '기본 소양'입니다. AI의 기본 원리를 어렴풋이나마 이해하고, AI 도구를 자신의 목적에 맞게 '활용'할 수 있으며, AI가 생성한 정보를 '비판적으로 검토'(팩트체크)하고, AI가 사회에 미치는 '윤리적 영향'을 인지할 수 있는 종합적인 능력을 말합니다. 전공자가 아니더라도 갖춰야 할 미래 역량입니다.

45. 알고리즘 (Algorithm) ★★★★☆

어떤 문제를 해결하거나 특정 작업을 수행하기 위한 '단계적인 절차'나 '논리적인 계산 규칙'입니다. AI 분야에서는 데이터를 '학습'하고(예: 딥러닝 알고리즘), 학습한 내용을 바탕으로 '판단'하거나 '예측'할 때(예: 의사결정 트리 알고리즘) 사용되는 핵심적인 계산 방법론을 의미합니다.

46. 약인공지능 (Artificial Narrow Intelligence) ★★★☆☆

'좁은 인공지능'이라고도 불립니다. 번역, 이미지 분류, 바둑, 운전 등 '특정 분야'나 '정해진 작업'만 인간보다 뛰어나거나 비슷하게 수행할 수 있는 AI입니다. 현재 우리가 일상에서 사용하는 대부분의 AI(챗GPT, 자율주행, 알파고 등)가 모두 이 약인공지능에 속합니다. 인간처럼 포괄적인 지능을 가진 '범용 인공지능(AGI)'과 대비되는 개념입니다.

47. 양면성 (Duality) ★★☆☆☆

AI 기술이 인류에게 엄청난 '기회'(생산성 향상, 질병 정복, 편의성 증대)를 가져다주는 동시에, 심각한 '위험'(대규모 실업, 개인정보 침해, 통제 불능, 가짜뉴스 확산)을 초래할 수 있는 '동전의 양면'과 같은 이중적인 특성을 의미합니다. AI 윤리와 균형 잡힌 활용이 중요한 이유입니다.

48. 에이전트 (Agent / AI Agent) ★★★★★

단순히 사용자의 질문에 '답변'만 하는 AI를 넘어, 사용자의 '목표'를 이해하고, 그 목표를 달성하기 위해 스스로 '계획'을 세우며(예: 1. 정보 검색, 2. 요약, 3. 보고서 작성), 적절한 '도구'(API)를 사용하고, 자율적으로 '행동'하는 AI입니다. 마치 개인 비서나 조수처럼 능동적으로 작동하는 AI를 말합니다.

49. 에이전트 체인 (Agent Chain) ★★★☆☆

하나의 복잡한 작업을 해결하기 위해, 여러 AI 에이전트가 '사슬(Chain)'처럼 연결되어 작업을 순차적으로 또는 병렬적으로 처리하도록 구성한 '워크플로우'입니다. 예를 들어, '리서치 에이전트'가 자료를 검색하면, '요약 에이전트'가 핵심을 간추리고, '번역 에이전트'가 번역한 뒤, '보고서 작성 에이전트'가 최종 문서를 완성하는 식의 협업 구조를 말합니다.

50. 역할 (Role) ★★★★☆

프롬프트에서 AI에게 부여하는 특정 '정체성'이나 '전문가 입장'입니다. AI에게 그냥 질문하는 것보다 "너는 30년 경력의 베테랑 카피라이터야" 또는 "너는 깐깐한 코드 리뷰어야"처럼 구체적인 역할을 부여하면, AI가 그 역할에 맞는 말투, 전문 지식, 관점을 바탕으로 훨씬 고품질의 답변을 생성합니다. 프롬프트 공식의 핵심 요소입니다.

51. 영상 (Video) ★☆☆☆☆

생성형 AI 기술이 다루는 영역이 텍스트, 이미지, 음성을 넘어 이제는 '동영상'까지 확장되었음을 의미합니다. OpenAI의 'Sora'처럼, 텍스트 프롬프트만 입력하면 고화질의 사실적인 짧은 영상을 AI가 자동으로 생성해내는 기술이 등장했습니다. 이는 콘텐츠 제작, 영화, 광고 산업에 거대한 변화를 예고하고 있습니다.

52. 오픈소스 (Open Source) ★★★☆☆

AI 모델을 개발한 '소스 코드'(설계도)나 학습된 '모델'(가중치)을 대중에게 '무료로 공개'하는 방식을 말합니다. 누구나 이 코드를 가져다 사용하고, 수정하며, 심지어 상업적으로도 이용할 수 있습니다. (예: Meta의 Llama) 챗GPT처럼 기업이 기술을 독점하는 '클로즈드 소스'와 대비되며, AI 기술의 빠른 확산과 발전에 기여합니다.

53. 요약 (Summarization) ★★★☆☆

긴 글이나 복잡한 정보(기사, 논문, 보고서, 회의록)의 핵심 내용을 AI가 간추려 짧게 정리해주는 기능입니다. 대규모 언어 모델(LLM)이 가장 잘하는 작업 중 하나로, 정보 과부하 시대에 사용자가 빠르게 핵심을 파악하고 시간을 절약할 수 있도록 돕는, 매우 실용적이고 중요한 AI 활용법입니다.

54. 워크플로우 (Workflow) ★★☆☆☆

'작업 흐름'. 어떤 일을 시작해서 끝내기까지 거치는 일련의 '과정'이나 '절차'입니다. AI 시대에는 이 워크플로우의 많은 단계를 AI 도구나 에이전트를 활용해 '자동화'하거나 '최적화'할 수 있습니다. 예를 들어, '이메일 확인 -> 중요도 분류 -> 답장 초안 작성 -> 보고'의 흐름을 AI가 상당 부분 대신 처리하여 효율성을 극대화합니다.

55. 위험 (Risk) ★★★☆☆

AI 기술의 발전이나 사용으로 인해 개인, 조직, 사회에 발생할 수 있는 잠재적인 문제점이나 위협입니다. (예: AI의 편향성으로 인한 차별, 일자리 대체로 인한 사회적 불평등, 가짜뉴스 확산, 예측 불가능한 오류) AI의 '기회'와 '양면성'을 이해하고, 이 위험을 관리하며 AI를 활용하는 것이 중요합니다.

56. 윤리 (Ethics / AI Ethics) ★★★★☆

AI를 개발하고 활용하는 전 과정에서 지켜야 할 '도덕적 원칙'과 '사회적 기준'입니다. AI가 인간에게 해를 끼치지 않고(안전성), 불공정한 결정을 내리지 않으며(공정성/편향성), 개인정보를 보호하고(프라이버시), AI의 결정 과정을 설명할 수 있어야(투명성) 한다는 내용 등을 포함합니다. 기술의 발전 속도만큼 윤리적 고민이 중요해지고 있습니다.

57. 융합 (Convergence) ★☆☆☆☆

AI의 지능(소프트웨어)과 로봇의 신체(하드웨어)가 하나로 합쳐져 '물리 AI'나 '휴머노이드'가 탄생하는 것처럼, 서로 다른 기술이나 산업(예: AI와 바이오, AI와 교육)이 결합하여 기존에 없던 새로운 가치나 혁신을 만들어내는 현상을 의미합니다.

부록 AI 용어 100

58. 음성 (Voice / Audio)　★☆☆☆☆

생성형 AI가 텍스트나 이미지뿐만 아니라 '소리'를 창작하는 분야입니다. 사람의 목소리를 똑같이 복제하거나(음성 합성), 텍스트를 입력하면 자연스러운 목소리로 읽어주거나(TTS), "경쾌한 락 스타일의 음악"처럼 명령하면 '음악'을 작곡(Music Generation)하는 기술을 포함합니다.

59. 응답 (Response)　★★★☆☆

사용자의 '프롬프트'(질문이나 명령)에 대해 AI가 내놓는 '답변'이나 '결과물'입니다. (예: 챗GPT의 텍스트 답변, 미드저니의 이미지) AI 활용의 핵심은 사용자가 '후속 질문'이나 '피드백'을 통해 AI의 초기 응답을 자신이 원하는 방향으로 계속 '개선'하고 '발전'시켜 나가는 상호작용 과정에 있습니다.

60. 이미지 (Image)　★☆☆☆☆

생성형 AI가 텍스트 설명(프롬프트)을 바탕으로 새롭게 생성하는 '그림'이나 '사진'입니다. (예: "우주복을 입고 달에서 스케이트보드를 타는 고양이") 미드저니, DALL-E, 스테이블 디퓨전과 같은 AI 모델이 이 분야를 주도하고 있으며, 디자인, 광고, 예술 등 시각 창작 분야에 큰 영향을 미치고 있습니다.

61. 인간 고유의 능력 (Human-specific Ability) ★★★☆☆

AI가 데이터를 기반으로 패턴을 인식하고 반복 작업을 하는 것과 달리, AI가 대체하기 어려운, 인간만이 가진 독창적인 능력입니다. (예: 깊은 '공감' 능력, 복잡한 '윤리적 판단', 여러 상황을 넘나드는 '상식'과 '맥락' 이해, 기존에 없던 것을 상상하는 진정한 '창의성') AI 시대일수록 이러한 인간 고유의 능력이 더욱 중요해집니다.

62. 인간-에이전트 팀워크 (Human-Agent Teaming) ★★★☆☆

사람과 AI 에이전트가 단순히 명령-수행 관계를 넘어, '하나의 팀'처럼 각자의 강점을 살려 '협력'하며 공동의 목표를 달성하는 방식입니다. AI 에이전트가 데이터 분석과 초안 작성을 맡고, 인간은 최종 의사결정과 창의적인 수정을 맡는 식으로 '역할을 분담'하여 최적의 시너지를 내는 것을 의미합니다.

63. 인간다움 (Humanity) ★★☆☆☆

AI 시대에 기계와 구별되는 인간 고유의 특성이나 가치를 의미합니다. AI가 효율성과 논리, 데이터 분석을 담당한다면, 인간은 공감, 소통, 관계, 윤리, 창의성 등 '인간다움'에 기반한 가치를 재발견하고 더욱 집중해야 한다는 의미를 담고 있습니다. AI를 통해 오히려 인간성의 가치가 더 부각되는 현상을 말합니다.

64. 인공신경망 (Artificial Neural Network, ANN) ★★★★☆

인간 뇌의 신경세포(뉴런)가 서로 연결되어 신호를 주고받으며 학습하는 방식을 수학적으로 단순하게 '모방'하여 만든 AI 모델 구조입니다. 수많은 입력 값을 받아 '가중치'를 곱하고, 특정 함수를 통과시켜 출력 값을 내보내는 '인공 뉴런'들을 여러 층으로 연결한 형태입니다. '딥러닝'은 이 인공신경망을 매우 깊게 쌓은 것입니다.

65. 인공지능 (Artificial Intelligence, AI) ★★★★★

기계(컴퓨터)가 마치 '인간처럼' 생각하고(인지), 학습하며(러닝), 스스로 판단하고(추론), 문제를 해결할 수 있도록(문제 해결) 만든 '기술' 또는 '컴퓨터 시스템'입니다. 뇌를 모방한 컴퓨터 프로그램이라고 할 수 있으며, 데이터를 학습하여 그 안의 패턴을 찾아내고, 새로운 상황에 그 패턴을 적용합니다.

ㅈ (9)

66. 자동화 (Automation) ★★★☆☆

사람이 직접 손으로 하던 반복적이거나 규칙적인 일들을 AI, 로봇, 또는 소프트웨어 프로그램이 '대신' 처리하도록 만드는 것입니다. (예: 이메일 자동 분류, 보고서 작성 자동화, 고객 응대 챗봇) AI는 자동화를 통해 인간의 업무 부담을 줄여 '생산성'을 폭발적으로 높이는 데 기여하며, 이는 AI 도입의 가장 큰 이유 중 하나입니다.

67. 자연어 (Natural Language) ★★★★☆

'C언어'나 '파이썬' 같은 컴퓨터 언어(프로그래밍 언어)가 아닌, 우리 인간이 일상생활에서 소통하기 위해 사용하는 언어(예: 한국어, 영어, 일본어)를 말합니다. AI가 이 자연어를 이해하고 처리하는 기술을 '자연어 처리(NLP)'라고 부릅니다.

68. 자연어 처리 (Natural Language Processing, NLP) ★★★★☆

AI가 인간의 언어(자연어)를 '이해'하고 '분석'하며 '생성'할 수 있게 하는 AI의 핵심 분야입니다. (예: 챗봇, 기계 번역, 텍스트 요약, 감정 분석) 과거에는 문법 규칙 기반이었으나, 현재는 '딥러닝'과 '대규모 언어 모델(LLM)'을 기반으로 하여 인간처럼 문장의 '맥락'을 이해하는 수준까지 발전했습니다.

69. 정보 과부하 (Information Overload) ★☆☆☆☆

AI는 이 정보 과부하 문제의 '원인'(수많은 콘텐츠 생성)이 되기도 하지만, 동시에 '해결책'이 될 수도 있습니다. AI의 강력한 '요약' 기능이나 '필터링' 기능을 활용하면, 중요한 정보만 효율적으로 걸러내어 습득할 수 있습니다.

70. 정보원 (Source of Information) ★☆☆☆☆

AI 기술은 하루가 다르게 발전하기 때문에, 최신 AI 트렌드나 새로운 도구 활용법을 지속적으로 따라잡는 것이 중요합니다. 이때 도움이 되는 정보원으로는 공신력 있는 기술 뉴스 사이트, AI 개발사(OpenAI, Google)의 공식 블로그, 관련 논문, 전문 커뮤니티 등이 있습니다.

71. 지도 학습 (Supervised Learning) ★★★☆☆

AI의 가장 기본적이고 일반적인 학습 방식입니다. AI에게 '문제(데이터)'와 그에 대한 '정답(라벨)'을 '한 쌍'으로 묶어서 학습시키는 방식입니다. 예를 들어, 수만 장의 고양이 사진에 '고양이'라는 정답 라벨을, 강아지 사진에 '강아지'라는 정답 라벨을 붙여서 AI에게 보여주면, AI는 사진의 어떤 특징(패턴)이 고양이인지, 강아지인지 학습합니다.

72. 지시 (Instruction) ★★★☆☆

'프롬프트'의 핵심 구성 요소로, AI에게 무엇을 해야 할지 '명확하게' 명령하는 부분입니다. "날씨 어때?"(모호한 질문)보다 "서울의 오늘 오후 3시 날씨를 섭씨 온도로 알려줘"(명확한 지시)처럼, AI에게 원하는 작업을 구체적으로 지시할수록 AI는 더 정확한 결과물을 내놓습니다.

73. 직업 (Job) ★☆☆☆☆

AI 기술의 발전으로 인해 큰 변화를 맞이할 인간의 '일자리'입니다. 단순 '반복 작업'은 AI로 대체될 위험이 크지만(사라질 직업), AI를 '관리'하거나 '활용'하는 새로운 직업(예: 프롬프트 엔지니어, AI 윤리 전문가)이 생겨나고(번창할 직업), 기존 직업도 AI를 '도구'로 활용하는 방식으로 '변신'할 것입니다.

74. 질문 (Question)

AI에게 정보를 요청하거나 대화를 시작하는 방식이며, '프롬프트'의 일종입니다. 특히 AI의 답변을 100% 활용하기 위해서는, 첫 번째 답변에 만족하지 않고 AI의 답변을 개선하거나 더 깊은 정보를 얻기 위한 '후속 질문'을 던지는 질문 기술이 매우 중요합니다.

ㅊ (4)

75. 창의성 (Creativity) ★★★☆☆

과거 AI는 창의성이 없다고 여겨졌으나, '생성형 AI'는 학습한 데이터를 조합하여 새로운 이미지나 글을 '창작'해냅니다. 하지만 이는 데이터 '패턴'에 기반한 '조합적 창의성'에 가깝습니다. AI 시대의 인간은 AI가 할 수 없는, 기존의 틀을 깨는 진정한 '개념적 창의성'이나 '공감적 창의성'에 더 집중해야 합니다.

76. 챗GPT (ChatGPT) ★★★★★

미국의 'OpenAI'사가 개발한 '대화형 생성 AI' 서비스입니다. '대규모 언어 모델(LLM)'인 GPT 모델을 기반으로 하며, 사용자와 자연스러운 언어로 대화하며 질문에 답하고, 글을 쓰고, 코드를 짜고, 요약을 하는 등 다양한 작업을 수행합니다. 2022년 말 출시되어 전 세계적인 AI 열풍을 일으켰으며, 비전문가도 AI를 쉽게 사용할 수 있게 만든 상징적인 서비스입니다.

77. 책임감 (Responsibility) ★★☆☆☆

'책임감 있는 AI 사용자'가 되는 것을 의미합니다. AI가 생성한 결과물(예: 글, 코드, 이미지)을 '검증 없이' 그대로 사용하는 것이 아니라, 그 내용의 '사실 여부(팩트체크)'와 '윤리적 문제(편향성, 저작권)'를 사용자가 직접 확인하고, 그 활용에 따른 최종적인 '책임'을 져야 한다는 태도입니다.

78. 최적화 (Optimization) ★★☆☆☆

AI 모델을 학습시킬 때, 손실(오류)은 최소화하고 정확도는 최대화하도록 '가중치'를 조정해나가는 과정. 사용자가 AI를 활용하여 기존의 '작업 흐름(워크플로우)'에서 불필요한 단계를 줄이고 자동화하여 '생산성'을 극대화하는 과정을 의미합니다.

부록 AI 용어 100

ㅋ (4)

79. 커뮤니티 (Community) ★☆☆☆☆

AI 기술은 매우 빠르게 발전하기 때문에, 혼자서 모든 것을 학습하기 어렵습니다. 따라서 AI 활용법이나 최신 트렌드에 관심 있는 사람들이 모인 '온라인/오프라인 커뮤니티'에 참여하여, 서로 '정보를 공유'하고, '사례를 배우며' 함께 성장하는 것이 '평생학습'의 중요한 방법이 됩니다.

80. 컴퓨터 비전 (Computer Vision) ★★★☆☆

AI가 인간의 '시각' 능력처럼 '이미지'나 '동영상'을 보고, 그 안의 내용(예: 사물, 사람, 글자, 장면)을 '이해'하고 '분석'하는 AI의 핵심 분야입니다. (예: 스마트폰 카메라의 인물 인식, 자율주행차가 보행자를 감지하는 기술, 공장의 불량품 검사) 휴머노이드가 '눈'으로 세상을 보는 데 필수적인 기술입니다.

81. 코딩 (Coding) ★★☆☆☆

컴퓨터가 알아들을 수 있는 언어(프로그래밍 언어)로 명령을 작성하여 소프트웨어를 만드는 일입니다. 생성형 AI(예: 챗GPT, 코드 생성 전문 AI)는 사용자가 원하는 기능을 자연어로 설명하면, 필요한 '코드'를 대신 '생성'해주거나, 기존 코드의 '오류를 찾아 수정'해주는 강력한 능력을 갖추고 있습니다. 프로그래머의 생산성을 극적으로 향상시킵니다.

82. 클라우드 (Cloud) ★★☆☆☆

AI, 특히 LLM을 학습시키고 운영하는 데는 엄청난 양의 데이터와 고성능 컴퓨터(GPU) 자원이 필요합니다. '클라우드 컴퓨팅'은 개인이 이런 비싼 장비를 직접 구매하지 않아도, 인터넷을 통해 구글, 아마존, 마이크로소프트 등이 제공하는 강력한 '가상 서버' 자원을 빌려 쓸 수 있게 해줍니다. 챗GPT 같은 AI 서비스는 모두 클라우드 위에서 작동합니다.

ㅌ (4)

83. 튜터 (Tutor) ★☆☆☆☆

AI를 '개인 맞춤형 학습 튜터'로 활용하는 것을 의미합니다. AI는 24시간 언제든지 내가 모르는 것을 질문하면 지치지 않고 설명해 주며, 나의 학습 속도와 수준에 맞춰 어려운 개념을 쉽게 풀어주거나(예: "초등학생 수준으로 설명해 줘"), 연습 문제를 내주는 등 '학습 가속'을 위한 강력한 도구가 될 수 있습니다.

84. 트렌드 (Trend) ★☆☆☆☆

AI 기술과 산업은 몇 달 단위로 새로운 모델과 서비스가 쏟아져 나올 정도로 매우 빠르게 변화하고 있습니다. 따라서 AI 시대를 살아가기 위해서는 이러한 '최신 AI 트렌드'에 지속적인 관심을 갖고 '정보원'을 통해 따라잡으려는 '평생학습 마인드셋'이 필요합니다.

85. 트랜스포머 (Transformer) ★★★☆☆

2017년 구글이 발표한 AI 모델 구조(아키텍처). 문장 속 단어들의 관계(맥락)를 파악하는 데 뛰어난 성능을 보여 현재 대부분의 LLM(챗GPT 등)의 기반이 됩니다.

86. 특이점 (Singularity) ★☆☆☆☆

'기술적 특이점'. AI의 지능이 폭발적으로 발전하여 스스로 더 똑똑한 AI를 만들게 되는 시점, 즉 AI의 지능이 인간의 총 지능을 '뛰어넘는' 가상의 시점을 말합니다. 저명한 미래학자 레이 커즈와일이 주창한 개념으로, 이 시점 이후에는 AI가 만들어낼 변화를 인간이 더 이상 예측하거나 통제할 수 없게 될 것이라고 봅니다.

부록 AI 용어 100

ㅍ (7)

87. 팩트체크 (Fact-checking) ★★★☆☆

AI가 생성한 답변이나 정보가 '사실'인지 '거짓'인지 사용자가 직접 검증하는 과정입니다. 생성형 AI는 '환각(Hallucination)' 현상으로 인해 그럴듯한 거짓말을 매우 자신 있게 만들어내기 때문에, AI의 결과물을 그대로 믿지 않고 반드시 '교차 검증'하는 '비판적 활용 태도'가 필수적입니다.

88. 패턴 인식 (Pattern Recognition) ★★★★☆

AI, 특히 '머신러닝'의 가장 기본적인 핵심 능력입니다. AI는 수많은 데이터 속에서 일정한 '규칙'이나 '공통된 특징'(패턴)을 찾아내도록 학습됩니다. (예: '고양이'라는 정답이 붙은 사진들에서 '뾰족한 귀, 수염, 특정 눈 모양'이라는 공통된 시각적 패턴을 학습함) AI는 이 학습된 패턴을 기반으로 새로운 데이터에 대해 '예측'이나 '분류'를 수행합니다.

89. 퍼스널 에이전트 (Personal Agent) ★★★★★

'개인 AI 비서' 또는 '맞춤형 AI 에이전트'를 의미합니다. 불특정 다수를 위한 AI가 아니라, 오직 '나' 한 사람에게 최적화된 AI입니다. 나의 일정, 연락처, 자주 쓰는 앱, 말투, 선호도 등을 학습하여, 내가 시키지 않아도 알아서 나에게 필요한 일(예: 회의 시간 알림, 교통 정보 브리핑, 이메일 초안 작성)을 '능동적'으로 처리해주는 것을 목표로 합니다.

90. 편향 (Bias) ★★★★★

AI 모델이 '편향된 데이터'로 학습할 경우, 그 편견을 AI가 그대로 학습하여 '불공정'하거나 '차별적인' 결과를 내놓는 심각한 문제입니다. 예를 들어, 과거 데이터에 '남성 임원' 사진만 많았다면 AI가 '임원'은 남성이라고 학습하여, 여성 지원자에게 불이익을 줄 수 있습니다. AI 윤리에서 '환각'과 더불어 가장 경계해야 할 문제입니다.

91. 평생학습 (Lifelong Learning) ★★★☆☆

AI 기술과 도구는 한두 달이 멀다 하고 새롭게 진화하고 있습니다. 따라서 AI 시대에 적응하고 경쟁력을 유지하기 위해서는, 한번 배운 지식에 머무르지 않고 새로운 '트렌드'와 '활용법'을 지속적으로 따라잡고 배우려는 '평생학습 마인드셋'이 필수적으로 요구됩니다.

92. 프롬프트 (Prompt) ★★★★★

생성형 AI에게 원하는 결과물을 얻어내기 위해 사용자가 입력하는 '명령' 또는 '질문'입니다. AI와의 대화를 시작하는 열쇠이자, AI의 성능을 끌어내는 가장 중요한 사용자 기술입니다. 프롬프트를 얼마나 명확하고 구체적이며, 맥락(역할, 목표, 상황, 형식)을 잘 담아 작성하느냐에 따라 AI가 생성하는 결과물의 품질이 극명하게 달라지기 때문에 '프롬프트 엔지니어링'이라는 분야가 생겨났습니다.

93. 피드백 (Feedback) ★★★☆☆

AI의 답변이나 에이전트의 수행 결과에 대해 사용자가 '평가'(예: 좋아요/싫어요)하거나 '개선점'(예: "그 정보는 틀렸어", "더 간결하게 말해 줘")을 알려주는 것입니다. 이 피드백 데이터는 AI 모델이나 에이전트의 '성능을 향상'시키고, 사용자의 의도에 더 잘 맞도록 '지속적으로 개선'하는 데 중요한 역할을 합니다.

ㅎ (7)

94. 하드웨어 (Hardware) ★★☆☆☆

컴퓨터의 본체, 모니터, 스마트폰 기기, 로봇의 몸체처럼 눈에 보이고 만질 수 있는 '물리적인 장치'입니다. AI(소프트웨어)가 아무리 똑똑해도, 실제로 작동하고(예: 스마트폰) 현실 세계에서 움직이려면(예: 로봇, 휴머노이드) 반드시 이 하드웨어가 필요합니다. 특히 AI 연산에는 'GPU'라는 고성능 반도체 하드웨어가 필수적입니다.

95. 학습 (Learning / Training) ★★★★☆

AI가 '데이터'를 분석하고 그 안의 '패턴'을 찾아내어(예: 고양이의 특징), 자신의 '모델'(가중치와 매개변수)을 '최적화'해나가는 과정 그 자체를 의미합니다. AI는 이 학습 과정을 통해 '지능'을 갖게 되며, 학습 데이터의 양과 질이 AI의 성능을 좌우합니다.

96. 행동 (Action) ★★☆☆☆

'물리 AI'나 '휴머노이드' 분야에서, AI '두뇌'가 '인지'하고 '판단'한 결과를 바탕으로 로봇의 '신체'(하드웨어)를 구동하여(액추에이터) 현실 세계에서 실제로 '움직이는 것'을 의미합니다. (예: 장애물을 피하기, 물건을 집어 옮기기)

97. 환각 (Hallucination) ★★★★★

생성형 AI가 '사실'에 근거하지 않거나, 학습 데이터에 없거나, '맥락'에 맞지 않는 정보를 마치 '사실'인 것처럼 매우 그럴듯하게 꾸며서 대답하는 '심각한 오류' 현상입니다. AI는 본질적으로 '사실'을 말하는 것이 아니라, 학습한 데이터를 기반으로 '가장 그럴듯한 다음 단어'를 예측해 문장을 완성하기 때문에 이런 오류가 발생합니다. AI의 답변을 반드시 '팩트체크'해야 하는 가장 큰 이유입니다.

98. 협업 (Collaboration) ★★★☆☆

'사람과 사람' 사이의 협업을 AI가 '디지털 협업 도구'(예: 자동 회의록 작성)로 돕는 것, '사람과 AI'(인간-에이전트 팀워크)가 각자의 강점을 살려 협력하는 것, 'AI와 AI'(에이전트 체인)가 작업을 분담하여 협력하는 것을 모두 포함하는 개념입니다.

99. 형식 (Format)

'프롬프트'에서 AI에게 답변을 원하는 '특정한 출력 양식'을 지정하는 것입니다. (예: "결과를 표로 정리해 줘", "장단점을 구분해서 글머리 기호로 써줘", "전문가용 보고서 형식으로 써줘", "100자 이내로 요약해 줘") 원하는 형식을 구체적으로 지정할수록 AI는 사용자가 바로 활용하기 좋은 결과물을 생성합니다.

100. 후속 질문 (Follow-up Question) ★★★★★

AI의 첫 번째 '응답'을 바탕으로, 더 구체적인 정보를 얻거나, 답변 내용을 '수정'하거나, 다른 관점을 '탐색'하기 위해 사용자가 '이어서' 던지는 질문입니다. AI와의 대화는 한 번의 질문으로 끝나는 것이 아니라, 이 후속 질문을 통해 AI의 답변을 점차 '개선'하고 '발전'시켜 나가는 '상호작용' 과정입니다.

맺음말

이 책의 마지막 장을 덮는 독자 여러분들께

우리는 함께 긴 여정을 지나왔습니다. 안개처럼 막연했던 '인공지능'이라는 개념에서 출발해, 그 실체를 이해하고(1부), AI와 효과적으로 대화하는 법을 익혔으며(2부), 이를 통해 개인의 성장과 생산성을 폭발시킬 전략을 배웠습니다(3부). 더 나아가 나만의 AI 에이전트를 설계하고(4부), 기술을 넘어 윤리와 미래의 공존까지 고민하는 단계(5부)에 이르렀습니다.

책을 처음 펼쳤을 때 가졌던 막연한 불안감이나 호기심은 이제 구체적인 자신감과 명확한 방향성으로 바뀌었을 것이라 믿습니다. 'AI, 친구인가 경쟁자인가?'라는 첫 질문에 대한 답을 이제 당신은 스스로 내릴 수 있게 되었습니다. 정답은 정해져 있지 않습니다. AI는 거울과 같아서, 우리가 경쟁자로 대하면 가장 강력한 경쟁자가 되고, 우리가 최고의 파트너로 여기고 활용하면 가장 유능한 파트너가 되어줄 것입니다.

이 책은 AI에 대한 모든 것을 담은 백과사전이 아닙니다. 오히려 AI라는 새로운 대륙을 탐험하기 위한 지도와 나침반에 가깝습니다. 진짜 여정은 바로 지금부터 시작입니다. 오늘 배운 프롬프트 하나를 당장 업무 이메일에 적용해보고, 주말에는 나만의 AI 튜터와 함께 새로운 분야의 공부를 시작해보십시오. 작은 성공의 경험들이 모여 당신을 'AI를 활용할 줄 아는 사람'에서 'AI와 함께 성장하는 사람'으로 바꾸어 놓을 것입니다.

　세상은 우리가 상상하는 것보다 더 빠르게 변할 것입니다. 하지만 이제 당신은 변화의 파도에 휩쓸려가는 대신, 그 파도 위에서 서핑을 즐길 준비가 되었습니다. 두려워하지 마십시오. 끊임없이 질문하고, 탐험하고, 시도하십시오.

　AI 시대의 승자는 기술을 가장 잘 아는 사람이 아니라, 기술을 활용해 인간의 가치를 가장 탁월하게 증명하는 사람입니다. 그 주인공이 바로 당신이 되기를 진심으로 응원하며, 당신의 빛나는 여정에 이 책이 작은 등불이 되었기를 바랍니다.

AI
HOW TO WIN IN THE AI ERA
시대에 이기는 법